KB270059

# 고급일본어

여러분의 일본어 실력은 어느 정도입니까? 초급, 중급, 고급 또는 그 이상이라고 생각하는 분도 계시겠지요. 일본어능력시험 N1에 합격한 정도라면 상당한 수준입니다만, 그런 분들조차도 뭔가 부족하다는 생각이 들지는 않습니까? 일본어를 잘한다고 누구에게나 자신 있게 말하기를 주저하지는 않습니까?

서점의 일본어 서적 코너에 가보면 독해, 회화, 문법, 작문, 청해, 한자 등 수많은 교재가 꽂혀 있습니다. 여러분 중에는 그런 교재에 도전해서 드물게는 그 위의 단계로 도약하는 기쁨을 맛보기도 했겠지만 아마 도중에 교재를 덮어버린 분이 더 많을 것입니다.

일본어는 결코 쉽지 않은 외국어입니다. 한국어와 일본어는 어순이 같고, 동일한 한자문화권에 속하다 보니 처음에는 쉽게 접근하지만 갈수록 복잡하고 어렵습니다. 초급에서 중급으로 갈 때까지는 열정적으로 재미있게 공부하고, 중급에서 고급으로 갈 때는 일본어에 대해 어느 정도 자신감이 생기고 실력이 향상되는 것을 느낄 수 있을 것입니다. 그런데 그쯤에서 더는 실력이 향상되지 않고 제자리걸음을 하는 경우를 흔히 봅니다. 그렇게 되면 실망하여 슬럼프에 빠지거나 중도에 포기하기도 합니다. 따라서 세월은 흐르는데 일본어 실력은 늘 그 정도 수준에서 맴돌고 맙니다.

일본어 공부를 한 햇수는 오래되지만, 실력이 붙지 않다 보니, 일본어를 얼마나 공부했느냐고 누가 물으면 대답하기 곤란했던 적이 있을 것입니다. 혹시나 길에서 일본인이 말을 걸어올까 두렵거나 미리 외면해버린 적도 있을 것입니다.

이 책은 그런 분들을 위하여 개발되었습니다. 대학에서 일본어를 강의하는 한국인 교수와 원어민 교수가 학생들에게서 직접 들은 고민과 가르치면서 느낀 문제점에 대한 자료를 모아 열띤 토의를 하고 검토한 끝에 이 책을 펴내게 되었습니다. 중·고급 수준의 일본어 학습자들이 최상급 수준으로 도약하는데 도움을 주기 위해 최신 자료를 엄선하고 다양한 내용을 종합하였습니다.

글로벌 시대에 살면서 외국어 하나 정도는 자신 있게 할 수 있어야 합니다. 일본어를 시작한 계기는 각자 다를지라도 일본어 공부를 시작한 이상 이제는 자신 있게 잘한다고 말할 수 있도록 합시다.

이 책으로 여러 번 반복하여 공부하십시오.
진정한 일본어 최상급자가 되어 날아갈 날이 머지않습니다.

「飛べない」と言う人より「飛べるかもしれない」と言う人の方が可能性があります。
しかし、もっといいのは飛ぼうとする人です。
遠からず飛んでいる気持ちが感じられるでしょう。

저자 일동

# 교재의 특징과 구성

『테마로 배우는 고급 일본어』는 강의용 교재로 총 12과이며, 각 과는 본문 / 본문 이해의
확인 / 어휘와 표현 / 테마로 말하기 · 쓰기의 중요표현 / 표현업으로 구성되어 있습니다.

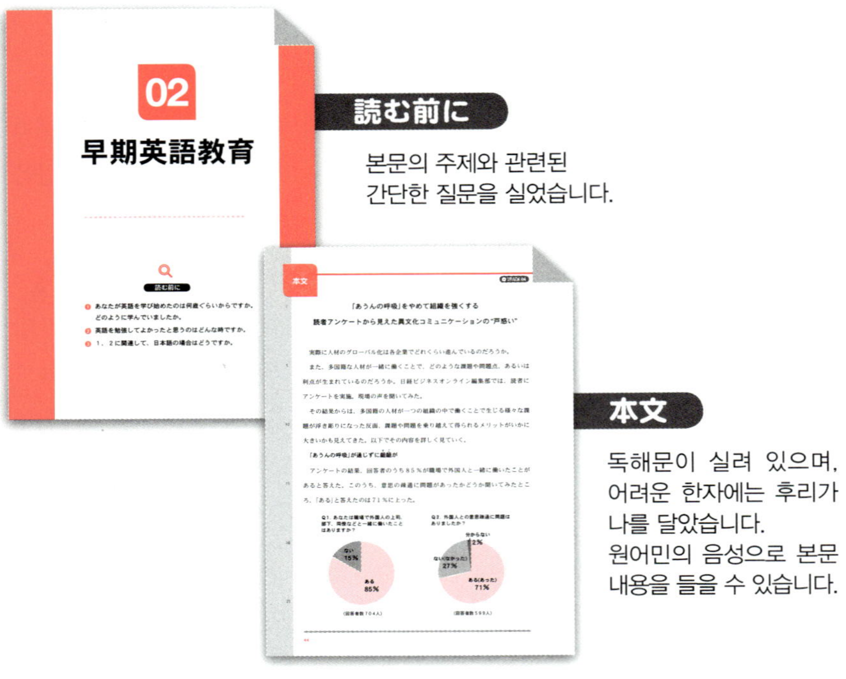

## 読む前に

본문의 주제와 관련된
간단한 질문을 실었습니다.

## 本文

독해문이 실려 있으며,
어려운 한자에는 후리가
나를 달았습니다.
원어민의 음성으로 본문
내용을 들을 수 있습니다.

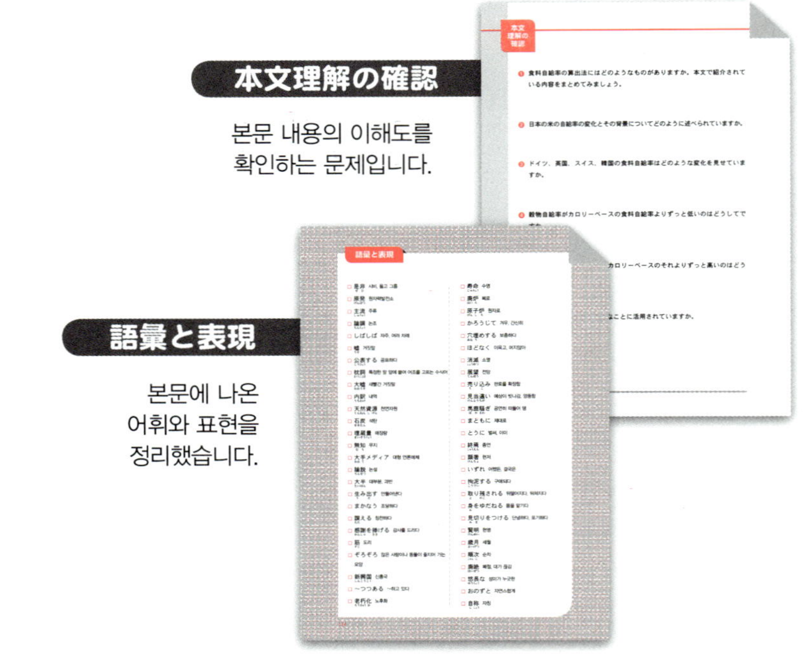

## 本文理解の確認

본문 내용의 이해도를
확인하는 문제입니다.

## 語彙と表現

본문에 나온
어휘와 표현을
정리했습니다.

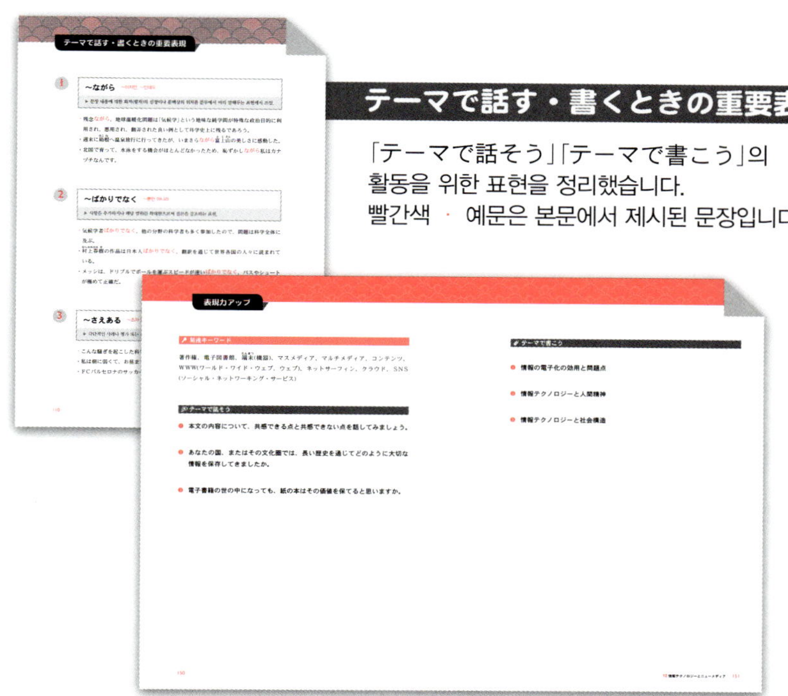

## テーマで話す・書くときの重要表現

「テーマで話そう」「テーマで書こう」의
활동을 위한 표현을 정리했습니다.
빨간색 · 예문은 본문에서 제시된 문장입니다.

## 表現力アップ

「関連キーワード」로 본문 주제에 관한
지식을 넓힐 수 있으며, 중요 표현을 바탕으로
「テーマで話そう」「テーマで書こう」
활동을 할 수 있습니다.

**부록** 문장 기호, 원고지 사용법, 외래어 표기, 경어, 각종 서식 등을 실었습니다.

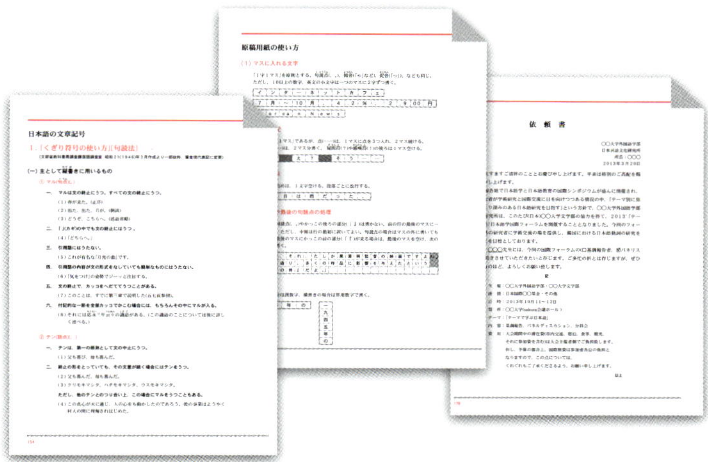

# 01

# 自己PR

❶ あなたは、これまでどんな時、どんな場面で自己紹介を
しましたか。それから、今後どんなところで自己紹介を
すると思いますか。

❷ 自己紹介で重要なポイントは何だと思いますか。

# 自己紹介

## A. 新卒・学生　就職・就活での自己紹介

「日本科学大学情報学部の佐藤太郎と申します。専攻は情報デザイン学科で、ここ数カ月はマスコミ関係のインターンシップを数社経験しました。『理論プラス実践』がモットーです。フットワークの良さには自信があります。宜しくお願いします。」

## B. 社会人　再就職・転職での自己紹介

「ホン・ギルドンと申します。韓国大学工学部経営工学科を卒業後、〇〇株式会社に勤める傍ら勉強して、このたび税理士資格を取得しました。

税理士としての実務経験はありませんが、前職では企業の経営企画部におりましたので、決算業務だけでなく会社法、下請法、業務委託に関する契約書などに若干の知識と経験を得る事ができました。税理士の業務を通して企業とコミュニケーションをする際に役立つのではないかと思っています。どうぞ宜しくお願いします。」

# 自己PR

## モデル文 1

私は大学一年の時から個別指導の塾講師のアルバイトをしてきました。「教える」ということは全く未経験でしたが、塾側から与えられたテキストをそのまま使うだけでなく、自分で考えて用意した教材を補助教材として使用することで、子供

達が目を輝かせて問題に取り組む姿や、メキメキと実力をつけていく様子を目の
当たりにしました。この経験は、私に問題意識を持つ姿勢と、より良い方法を見
つける面白さ、そして人と触れ合う楽しさを教えてくれました。

　もし貴社に採用されましたら、この経験を活かし、常に問題意識を持って与え
られた課題に積極的に取り組みたいと思います。どうか私に力を発揮する機会を
与えて下さい。宜しくお願い申し上げます。


**モデル文2**

　私は現在大学のサークルで地元のお年寄りが利用できるサポート・プログラム
に参加しています。これは、学校が休みの日などにお年寄りの農作業や力仕事の
手伝いをしたり、買い物の介助などを行うというボランティア活動です。

　ボランティア活動を始めたきっかけは、高校1年の時に経験したアメリカで
のホームステイでした。ホストファミリーの温かさにふれる中で、私と同じ年齢
の若い子たちが地域のボランティア活動に積極的に参加していることに非常に驚
き、また、それまでの私は特に問題意識もなく、漫然と毎日を過ごしていたこと
に気付かされたからです。

　その後、大学に進み、気の合う仲間たちとボランティアサークルを立ち上げ
ました。私たちが提供するボランティアの中でも最も喜ばれたのはパソコン・サ
ポートです。ふだんはパソコンというと尻込みをするお年寄りも、私たちがセッ
ティングをお手伝いし、操作方法を教えてあげると、「楽しい時間が増えた」と
喜んでくれました。

　私はこうした活動を通して、人と交わることの楽しさ、素晴しさを学びました。また、自分自身が勇気を持って一歩を踏み出す事で、小さな一歩が周りを動かす大きな力となることを身を持って知りました。今後は「人と人との交流の芽」を実践すべく、地元でボランティアのNPO<sup>注1)</sup>を立ち上げることを目標にしています。

　スポーツはテニスが好きで、高校の全国大会で優勝した経験があります。英語が得意な方で、日常会話レベルでしたら全く困る事はありません。


**モデル文3**

　私は、前職では入社時は経理部に配属されました。日々の伝票管理、帳簿付けといった基礎の基礎から始まり、予算作成および決算業務までを経験したのちに、経営企画室に異動となり株式上場をめざすプロジェクトチームの一員として主幹事証券会社とのやりとりや、監査法人との調整役などを務めました。

　非常にタイトな時間、決められた日程の中での手探りの作業でしたが、会社がめでたく上場を果した事でひとつの達成感を得る事ができました。この経験を活かすことができ、かつ全身全霊をかけて打ち込める業務をさがしていた折に、御社の求人広告に出会いました。

　私は目標を掲げて計画的に業務を遂行する事が得意です。確実に達成することと、そのために必要な準備・調査・分析等を、しかるべき順序で行うことに非常にやりがいを感じます。

　御社の業務は、各企業のサポートを通して会社の売上に貢献するだけでなくプロジェクトの遂行を通して社会貢献ができるという意味で、私の理想とするところです。ぜひ私の力を存分に発揮させて下さい。宜しくお願いします。

**履歴書の自己ＰＲで使われる結びの表現**

〈例１〉　企業での就業経験はありませんが、逆に未経験者だからこそ先入観なしで私にしかできない○○ができるのではないかと思っています。○○の心は性別や文化を超えて通じると思います。ぜひこの会社でこの思いを実現させてください。　宜しくお願いします。

〈例２〉　御社の業務は、○○に貢献するだけでなく○○を通して社会貢献ができるという意味で、私の理想とするところです。ぜひ私の力を存分に発揮させて下さい。宜しくお願いします。

〈例３〉　私は社会人としての経験はありませんが、社員が一丸となって行なうプロジェクト活動、計画立案、準備、営業交渉、分析…いずれの分野においても、○○や○○　で培った力を活かすことができると思っています。どうか私に存分に力を発揮する機会を与えて下さい。宜しくお願いします。

（出典『ビジネスマナーと基礎知識』<br>http://www.jp-guide.net/businessmanner/中の『就活・副職・内職・バイト』より一部変更）

注1)　ＮＰＯ[non-profit organization]：民間非営利団体。政府や企業などではできない社会的な問題に、非営利で取り組む民間団体。

❶ モデル文1で塾講師のアルバイトを通してどのようなことを経験したと
述べられていますか。

❷ モデル文2で現在どのようなボランティア活動をし、どのような反応が
あったと述べられていますか。

❸ モデル文3で前職ではどんな業務を行い、何を感じたと述べられていますか。

新卒 (しんそつ)　그 해 졸업자

就活 (しゅうかつ)　취직 활동

モットー　좌우명

フットワーク　발놀림, 대응

〜傍ら (かたわ)　〜하는 한편, 〜하는 동시에

税理士 (ぜいりし)　세무사

実務経験 (じつむけいけん)　실무 경험

前職 (ぜんしょく)　전직

決算業務 (けっさんぎょうむ)　결산 업무

下請法 (したうけほう)　하청법

業務委託 (ぎょうむいたく)　업무 위탁

若干 (じゃっかん)　약간, 얼마간

塾 (じゅく)　보습학원

取り組む (とく)　몰두하다

メキメキと　눈에 띄게, 부쩍부쩍

目の当たりにする (まあ)　눈앞에서 직접 보다

姿勢 (しせい)　자세

触れ合う (ふあ)　서로 통하다

地元 (じもと)　그 고장, 지방

お年寄り (としよ)　노인

介助 (かいじょ)　도움, 시중듦

きっかけ　계기

ふれる　접촉하다, 느끼다

漫然と (まんぜん)　멍하게

立ち上げる (たあ)　활동을 시작하다

尻込みをする (しりご)　뒷걸음질치다, 꽁무니빼다

踏み出す (ふだ)　걸음을 내딛다

実践 (じっせん)　실천

立ち上げる (たあ)　(조직 등을 만들어서) 활동을 시작하다

配属 (はいぞく)　배속

伝票 (でんぴょう)　전표

帳簿付け (ちょうぼづ)　장부 기재

〜といった　〜와 같은

株式上場 (かぶしきじょうじょう)　주식 상장

プロジェクトチーム　프로젝트 팀

主幹事 (しゅかんじ)　주간사

やりとり　(물건이나 말을) 주고받음

調整役 (ちょうせいやく)　조정역

務める (つと)　역할을 하다

手探り (てさぐ)　손으로 더듬음, 암중모색함

全身全霊 (ぜんしんぜんれい)　전신 전령

打ち込む (うこ)　전념하다, 열중하다

御社 (おんしゃ)　귀사

遂行する (すいこう)　수행하다

しかるべき　마땅한, 알맞은

やりがい　보람

社会貢献 (しゃかいこうけん)　사회 공헌

存分に (ぞんぶん)　마음껏, 충분히

履歴書 (りれきしょ)　이력서

〜からこそ　(바로) 〜이기 때문에

一丸 (いちがん)　일환

いずれ　어느 것

培う (つちか)　기르다

## 1　(活動 / 経験)を通して〜を学ぶ (활동 / 경험)을 통해 〜을 배우다

▶ 배움의 계기를 나타내는 표현.

・私はこうした活動を通して、人と交わることの楽しさ、素晴しさを学びました。
・彼はボーイスカウトの活動を通して、奉仕の精神を学んだと言っています。
・素晴らしい経験を通して、人生の醍醐味を学んでいます。

## 2　身を持って知る (스스로) 몸소 알다

▶ 실제 경험에서 배우고 알게 된 것을 언급하는 표현.

・また、自分自身が勇気を持って一歩を踏み出す事で、小さな一歩が周りを動かす大きな力となれることを身を持って知りました。
・おぼれそうになったことがあって、海の恐ろしさを身を持って知りました。
・頭で理解することも大切だが、身を持って知ることのほうがもっと重要である。

## 3　目標にする 목표로 하다

▶ 목표를 나타내는 표현.

・今後は「人と人との交流の芽」を実践すべく、地元でボランティアのNPOを立ち上げることを目標にしています。
・今後は顧客の視線に立った環境整備を目標にします。
・自分の言動に責任を持つことを目標にしています。

## 達成感を得る　성취감을 얻다

▶ 공부나 일의 만족감과 보람을 드러낼 때 쓰는 표현.

- 会社がめでたく上場を果した事でひとつの達成感を得る事ができました。
- 課題をのりこえ、ごまかしのきかない本番をめざすことで、それをなしとげる喜び
  と達成感を得ることができました。
- 厳しい練習を乗り越えて新記録を樹立した時、達成感を得ました。

## やりがいを感じる　보람을 느낀다

▶ 보람을 나타내는 표현.

- 確実に達成することと、そのために必要な準備・調査・分析等を、しかるべき順序
  で行うことに関して非常にやりがいを感じます。
- 利用者の笑顔を見ると元気をもらい、非常にやりがいを感じます。
- 金銭的な報酬より自分の働きに対する評価のほうに、やりがいを感じる人が多い。

## ～は～だけでなく～ができる

～은 ～뿐만 아니라 ～할 수 있다

▶ ～뿐만 아니라 또 다른 것도 있다고 말할 때 사용하는 표현.

- 御社の業務は、サポートする会社の売上に貢献するだけでなくプロジェクトの遂行
  を通して社会貢献ができる点で、非常にやりがいを感じます。
- 今回のイベントには大阪府民が参加できるだけでなく、近隣の県民がゲストとして
  参加することができます。
- 彼女は、ピアノが上手に弾けるだけでなく、作曲もできます。

 **7**

## 私の(理想とする / 望む / 目指す)ところだ



▶ 바람이나 목표를 나타내는 표현.

・御社の業務は、プロジェクトの遂行を通して社会貢献ができるという意味で、私の
理想とするところです。

・皆様から継続的な信頼を得ることが、私たちの望むところです。

・最高の音響空間をご提供するのが、私たちの目指すところです。

## 🔑 関連キーワード

就活、リクルート、履歴書、キャリア、特技、学歴、職歴、現職、自己分析、社会貢献、派遣社員

## 💬 テーマで話そう

❶ 〈自己PRモデル文1、2、3〉の良いところは、それぞれどんなところだと思いますか。

❷ 口頭での自己紹介・自己PRで重要なことは何だと思うか、話し合ってまとめましょう。

❸ 文書での自己紹介・自己PRで重要なことは何だと思うか、話し合ってまとめましょう。

❶ 話し合った内容をもとに、口頭での自己紹介の原稿（3 〜 7 行)を作成してみましょう。

❷ 同様に重要だと思われることをおさえて、自己PR文を作成してみましょう。

❸ 日本語で履歴書を作成してみましょう。

# 早期英語教育

**読む前に**

❶ あなたが英語を学び始めたのは何歳ぐらいからですか。
どのように学んでいましたか。

❷ 英語を勉強してよかったと思うのはどんな時ですか。

❸ 1、2に関連して、日本語の場合はどうですか。

## 〈小学校で英語①〉　必修化に賛成　早くから学び　楽になろう

　理系夫婦で、どちらも英語が苦手というＹ子さん。

　「英語ができたほうが仕事の幅も広がる。それに英語の勉強って継続が必要だから、話せる人には向上心があって、努力家というイメージがあります。たとえ英語を使わない職場でも、会社員として出世できると思う」

　埼玉県の会社員、Ｍ子さん（40）は、小学校４年生の一人息子を、鹿児島県種子島宇宙センターのある南種子町に「宇宙留学」させている。山村留学の一種で、自然の中で大家族と暮らす経験をさせたかったという。

　「田舎なのに外国人の先生がいて、うれしい誤算でした。小学校で週に１回、ネイティブスピーカーの先生と話すことをメーンに教えてもらっているようで、とても楽しいと電話で言ってました。しかも１クラス11人なんて、うらやましい！」

　自身が中学校で英語を学んだ時は、まず筆記体のつづり方や文法の勉強。楽しいとは思えず、つらいだけだったと振り返る。

　「国際化とか小難しいことを言わず、いろんな国の人にもの怖じせずにあいさつをし、関係を築けるようになることが一番大事だと思うんです。話すことを目的とするのではなく、英語でコミュニケーションをすることで、いろいろなことを吸収できる子になってほしい。学校がそれを教えてくれるなら、ありがたいです。」

　東京都のカメラマンＢさん（36）は、国立大を突破した受験英語には自信があったが、大人になって大金をつぎ込んで練習しても、あまり話せるようにはならず、

　「本棚に大量に並んでいる英語教材を見ているだけで凹みます」

　海外出張が多く、何カ国語も操るヨーロッパ人とよく仕事をする。聞いてみると、彼らは小学校ですでに第１外国語を学び、中学では第２外国語の勉強を始めている。

　「私の妄想かもしれませんが、やはり脳が柔らかい小さな頃から、いろいろな言語に触れられる環境にいると、脳はその言語の考え方まで覚えられるのではないでしょうか。それにはいかにストレスなく、自然に覚えるかがポイントだと思うので、幼稚園・保育園から必修化してもいい」

　最近生まれたばかりの子どもは「英語脳」に育てるつもりだという。

　とはいえ、欧州は言語に共通点も多く、そもそも地続きの多民族国家。必要性も大きいせいか、何カ国語も操る人が少なくない。

　だが、シンガポール在住のＫ子さん（３４）は、アジア人の英語バイリンガルを目の当たりにして、英語教育の背景に決定的な違いがあると感じた。

　「それこそ多民族国家で、公教育が英語中心で行われるシンガポールは６０歳以下の人はほとんど苦もなく英語を話せる。でも、家で家族と話す時は、中国系は中国語、インド系はタミル語、マレー系はマレー語と母語で話す場合が多い。彼らに、『どうしてそんなに簡単に英語に切り替えられるの？』と聞くと、『小さい時からアメリカやイギリスのテレビとか、絵本を見ていたから』と。家庭では親が意識的に触れさせているんです。いかに小さい頃の環境の影響が大きいか、改めて思い知りました。

　英語に『親しむ』程度の授業は、日本でも小１くらいから始めてほしい。文法とか体系的な学習は中学からでも遅くない」

　Ｋ子さん自身は中学・高校から英語が好きで、日本の大学では英文科に進み、イギリスの大学院も出ている。いまも、英語スピーカーの夫と毎日英語で話しているが、常に英語で考えているかと言われると、ちょっと自信がない。

「『英語は外国語である。使用するには文法を学び、意識的に文章を構築しなければ、自分で何を話しているのかも理解できず、頭が混乱するだけ』といった先入観から抜け出すのに、結局15年もかかりましたね」

「必要派」の言い分は主に、英語を抵抗なく身につけるには、早く始めるに越したことはないというもの。アジア諸国でも、韓国は97年に必修化して小学校3年生から、中国では01年度から段階的に導入し、05年度には小3から週に4回以上の授業になったとか。中国の大都市では小1から始めている学校もある。

一方、「不要派」には、「英語よりまず国語を大切に」という声が多かった。だが、公立中学校の現役国語教員、岐阜県のHさん（37）は、「英語必須化は必要」を選んだ。もっとも、国語を減らしてでも英語を、と思っているわけではなく、全体的な授業時間を増やすべきだという考えだ。

「国語第一と言われますが、英語と国語は、教え方も学び方も全然別のものです。英語はまず耳を慣らすなど、感覚を鍛える必要があるから、早いほうがいい。近くの小学校でも、総合学習の時間に英語を取り入れていますが、英語になじんでいるせいか、中学に入ってもＡＬＴ(外国語指導助手)に積極的に話しかける子が、以前に比べて多くなりました。小5ともなれば中1レベルのことは教えられるように、もっと低学年で必須にしてもいいと思います。」

皆さんはこうしたご意見を読んで、どう思われますか？

朝日新聞出版『ＡＥＲＡ』（2006年6月26日号）

本文
理解の
確認

❶　ヨーロッパで何カ国語も操る人が少なくないのはなぜですか。

❷　シンガポール在住のＫ子さん（３４）の主張の要点はどういうことですか。

❸　早期英語教育「必要派」の言い分は何ですか。

❹　早期英語教育「不要派」の言い分は何ですか。

- 継続 계속
  けいぞく
- 向上心 향상심
  こうじょうしん
- 努力家 노력가
  どりょくか
- 職場 직장
  しょくば
- 出世 출세
  しゅっせ
- 山村留学 산촌 유학
  さんそんりゅうがく
- 田舎 시골
  いなか
- メーン 메인
- 筆記体 필기체
  ひっきたい
- つづり方 철자법
  かた
- 振り返る 뒤돌아보다, 회고하다
  ふ かえ
- 小難しい 좀 까다롭다
  こ むずか
- もの怖じ 겁을 먹음
  お
- 築く 쌓다
  きず
- 突破 돌파
  とっぱ
- 受験英語 수험 영어
  じゅけんえいご
- つぎ込む 투입하다, (비용을) 들이다
  こ
- 凹む 기가 꺾이다
  へこ
- 操る 구사하다, 다루다
  あやつ
- 妄想 망상
  もうそう
- 脳 뇌
  のう
- 触れる 접하다
  ふ
- いかに 어떻게
- 幼稚園 유치원
  ようちえん
- 必修化 필수화
  ひっしゅうか
- 英語脳 영어식 사고
  えいごのう
- 欧州 유럽
  おうしゅう

- そもそも 원래
- 地続き (바다가 강으로 이어지지 않고) 같은
  じ つづ
  땅으로 잇닿아 있음
- バイリンガル 2개 국어를 자유자재로 함.
  또는 그런 사람
- 苦もなく 쉽사리, 어렵지 않게
  く
- タミル語 타밀어
  ご
- マレー語 말레이시아어
  ご
- 切り替える (방법, 규칙 등을) 바꾸다, 전환하다
  き か
- 意識的 의식적
  いしきてき
- 改めて 새삼스럽게
  あらた
- 思い知る 뼈저리게 느끼다, 절실히 깨닫다
  おも し
- 体系的 체계적
  たいけいてき
- 構築 구축
  こうちく
- 混乱 혼란
  こんらん
- 抜け出す 빠져 나가다
  ぬ だ
- 必要派 필요하다고 생각하는 사람
  ひつようは
- 抵抗 저항
  ていこう
- 身につける 익히다
  み
- ～に越したことはない ～이 가장 좋다,
  こ
  ～보다 나은 것은 없다
- 段階的 단계적
  だんかいてき
- 必須化 필수화
  ひっすか
- 耳を慣らす 많이 듣다, 귀에 익히다
  みみ な
- 鍛える 단련하다, 훈련하다
  きた
- 取り入れる 도입하다
  と い
- なじむ 친숙해지다, 익숙해지다

##  ❶ ～かもしれません ～지도 모릅니다

▶ 불확실한 추측을 나타내는 표현.

・私の妄想（もうそう）かもしれませんが、……

・1度、医者に診てもらったほうがいいかもしれませんよ。

・広場の教会の時計台の針は止まっているかもしれないし、正確に時間を刻んでいないかもしれない。

## ❷ ～のではないでしょうか ～것은 아닐까요

▶ 어떤 일의 발생 여부에 대한 추측을 나타내는 표현.

・やはり脳（のう）が柔らかい小さな頃から、いろいろな言語に触れられる環境にいると、脳はその言語の考え方まで覚えられるのではないでしょうか。

・このペースで進めれば、来週中には完成できるのではないでしょうか。

・このままだと開始時間に間に合わないのではないでしょうか。

## ❸ ～せいか ～탓인지

▶ 단언할 수 없지만 그것이 원인・이유라고 추측의 뉘앙스를 포함하는 표현.

・必要性も大きいせいか、何カ国語も操る人が少なくない。

・年のせいか、最近記憶力がおちてきた。

・残業続きのせいか、彼女は寝込んでしまった。

## ～でも遅くない ～라도 늦지 않다

▶ 어떤 일을 하는데 아직 늦지 않다고 생각하고 있는 것을 나타내는 표현.

・文法とか体系的な学習は中学からでも遅くない。
・コンピューターの資格を取るのは、今からでも遅くない。
・このダイエットを始めるのは40歳からでも遅くない。

## ～かと言われると、ちょっと自信がない

～지 묻게 되면, 조금 자신이 없다

▶ 단정적으로 단언하기에는 확신할 수 없는 것을 나타내는 표현.

・いまも、英語スピーカーの夫と毎日英語で話しているが、常に英語で考えているかと言われると、ちょっと自信がない。
・次のテストで100点が取れるかと言われると、ちょっと自信がない。
・イチローを三振に打ち取れるかと言われると、ちょっと自信がない。

## もっとも、〜と思っているわけではない



▶ 어떤 사실로부터 필연적으로 도출되는 사실을 부분적으로 부정하는 표현.

- 公立中学校の現役国語教員、岐阜県のＨさん（３７）は、「英語必須化は必要」を選んだ。もっとも、国語を減らしてでも英語を、と思っているわけではなく、全体的な授業時間を増やすべきだという考えだ。
- 社長になって３年。貫禄（かんろく）が出てきたとの声を聞くようになった。もっとも、社長をするために、仕事をしていると思っているわけではない。初心に違わず、仕事自体に打ち込むのみだ。
- 最近、一戸立ての購入を考えることが多くなった。もっとも、子供のために住まいを持ちたいと思っているわけではない。

## 〜てもいい（と思います） ～해도 좋다(고 생각합니다)

▶ (1인칭 주어를 생략하여) 자신이 적절하다고 생각하는 것을 완곡하게 나타내는 표현.

- それにはいかにストレスなく、自然に覚えるかがポイントだと思うので、幼稚園・保育園から必修化してもいい。
- ずっと残業続きだったから、来週は休みをあげてもいい（と思います）。
- あれだけ頑張ったのだから、結果は気にしなくてもいい（と思います）。

## 🔑 関連キーワード

バイリンガル、トライリンガル(トリリンガル)、セミリンガル(ダブル・リミテッド)、
臨界期仮説、バイカルチュラル

## 💬 テーマで話そう

❶ 早期英語教育に賛成の立場の人は、賛成の意見をまとめてみましょう。

❷ 早期英語教育に反対の立場の人は、反対の意見をまとめてみましょう。

❸ 賛成と反対にわかれて討論しましょう。

## ✐ テーマで書こう

❶　早期英語教育の効果

❷　早期英語教育の功罪<sup>こうざい</sup>

❸　早期英才教育について

# 03 現代の日本文学

1. あなたは本が好きですか。
   どんなジャンルの本をよく読みますか。

2. 日本の小説やエッセイを読んだことがありますか。
   どうでしたか。

3. あなたは村上春樹（むらかみはるき）の小説やエッセイを読んだことが
   ありますか。どんな感想を持ちましたか。

# 翻訳者が語る、村上春樹（むらかみはるき）の魅力とそれぞれの読まれ方

**Q：村上文学の魅力とは何か、出版部数はどれぐらいで、どのように読まれているのか？**

**A：金春美**

　韓国で日本の作家が何十万もの読者から熱烈な人気を得ているのは、まったく異例の現象です。私たちは、ビートルズやサリンジャーを、違和感（いわかん）なく、国籍と関係なく受け入れてきました。しかし、日本の文学だけは、皆さんもご存じのように過去の不幸な歴史的問題もあって、例外的に外国文学であり続けました。そのような壁を打ち破り、文学それ自体として受け入れるようになった、その引き金となったのが春樹なのです。春樹人気によって、ある意味で文化的な相互理解が進んで、今後の両国の関係がより友好的なものになるのではないかという期待ももっております。

　一九八九年に『ノルウェイの森』が紹介されて以来、村上作品はすべて翻訳・出版され、ベストセラーになり、とくに『ノルウェイの森』はここ数年間ずっとベストセラー十位以内にランクされています。『やがて哀しき外国語』や『遠い太鼓（たいこ）』などのエッセイ集も関心を集めています。

　韓国のインターネットで「春樹カフェ」と検索しますと、ずらっとファンサイトが並びます。最大手のdaum café(http://www.daum.net)の会員数は四千八百四十一名にのぼります。ファンサイト以外にも、「村上春樹」で検索すると、彼の趣味とか音楽とか、いろいろな項目が出てきて、また作品別に、読者がコメントを寄せています。翻訳者としては負担になるのですけれども、誤訳があると、ちゃんと指摘されます(笑)。

　では春樹はなぜこんなにも人気があるのか—まず韓国の作家との関係からお話ししたいと思います。春樹は、一九六〇年代から七〇年代に生まれた若手作家に大きな影響を及ぼしました。彼の作風、創作技法、表現などを真似たとして剽窃論争を巻き起こしているのも、その影響の大きさを物語るものでしょう。しかし、最近「自分は春樹マニアであり、影響を受けた」と、率直に語る作家が増えています。春樹の登場によって、韓国文壇は地殻変動を起こしたのです。

　韓国の作家にとって春樹の登場は、一つには、自らの問題意識と苦悩を共有する文化記号、自分たちが話したかったことを正確に表現してくれる文化記号との出会いとなりました。春樹の作風、創作技法、表現によって、自分たちの問題意識を表現する方法を手に入れたわけです。ですから、春樹は国籍とは関係のない文化商品として受け入れられています。つまり、春樹は日本人ですが、私たちの意識としては、ビートルズが英国人だという意識がないように、彼が日本人だという意識はほとんどないのです。

　春樹に影響を受けたという作家たちのうち、パク・イルムンの『生き残った者の悲しさ』は、「僕が生まれた年に、ビートルズが結成された。そして、そのとき母は、チャイコフスキーを聴いていた」と、いかにも春樹ばりの文章で始まっていますし、イ・インハの『僕が誰なのか、知っているものは誰か』にも春樹の影が落ちています。その他にもパク・ミンギュ、イ・マンギョ、キム・ヨンスなどの作家たちに与えた影響も無視できないでしょう。

　春樹の文学は、消費文化、物質文化に対する批判がその基盤になっていますが、それを表現するのは苦痛に満ちた絶叫ではない。クールな、ある程度距離を置いたスタンスを保ちながら、しかも現実から逸脱することなく、あくまで資本主義社会のなかでどう生きていくかを模索していると言えましょう。ですから、先の学生新聞の記者は、「現代社会を生きる人間の自画像である」と、自分にひきつけて共感を示しています。


**Q：これまでよく訳され、紹介されてきた日本文学を訳す場合と比べて、村上春樹の翻訳はどういう困難があるでしょうか。そして、それをどのように解決していらっしゃるか？**

**A： 金春美**

　村上春樹を翻訳するとき、私は、第一にその文体に魅せられています。スピーディーというより、彼の文章のもつリズム、その快さが魅力です。一度そのリズムに乗ってしまえば、心地よい旅をしているように、ぐんぐん引き入れられて、一気に、夜明かししてでも読んでしまうのです。ですから、翻訳するときは、何よりもまず原文のリズムを活かすように細心の注意を払います。自分が読んで楽しんだものを、読者にもきちんと伝えたいですから。

　それからもうひとつ、読者に直接語りかけるような記述方法も素晴らしい。太宰治やサリンジャーにも共通している点ですが、春樹は、読者自身があたかも作品のシュチュエーションに直接参加しているような錯覚を、さりげなく抱かせます。親近感というか、身内意識というか、ある種の仲間意識をもたせてくれるのです。そのうえで、予想外の冒険に満ちたストーリーが展開する。知的で礼儀正しい登場人物たちの発言、発想をともに追いかけることは、読者にとって、また翻訳する私にとっても、スリルと楽しみを覚えるものです。

　ですから、翻訳するときはどの作品でもそうですけれども、とりわけ村上作品の場合は、まずイメージをつくりあげます。登場人物の年齢、性質、社会的ステータス、言葉遣い……。彼が何を求めているかをまず整理します。そのあとで、じつはちょっと特殊かもしれませんが、私は録音をします。なぜ録音をするかというと、春樹の作家としての呼吸の長さ、文章のリズム、その語調を活かしたいからです。

柴田元幸 他編 『世界は村上春樹をどう読むか』（２００９）

**❶** 村上春樹の人気の特異性について本文ではどのように述べられていますか。

**❷** 韓国での村上春樹の受け入れられ方は、これまでの日本文学とどんな点で異なりますか。

**❸** 村上春樹の作品が韓国文学に与えた影響とはどのようなものですか。

□ 魅力（みりょく） 매력

□ パネル・ディスカッション 패널 토론

□ 熱烈な（ねつれつ） 열렬한

□ 異例（いれい） 이례

□ 違和感（いわかん） 위화감

□ 受け入れる（うい） 받아들이다

□ 打ち破る（うやぶ） 깨뜨리다, 타파하다

□ 引き金（ひがね） 계기

□ 相互理解（そうごりかい） 상호이해

□ ランクされる 순위가 매겨지다

□ 哀しき（かな） 슬픔

□ 太鼓（たいこ） 북

□ 検索する（けんさく） 검색하다

□ ずらっと 잇달아 늘어선 모양. 죽

□ 最大手（さいおおて） 최대 규모

□ のぼる 수량이 어느 정도에 이르다

□ 寄せる（よ） (편지 등을) 보내다

□ 誤訳（ごやく） 오역

□ 指摘（してき） 지적

□ 若手（わかて） 한창 나이의 젊은이

□ 作風（さくふう） 작풍

□ 創作技法（そうさくぎほう） 창작 기법

□ 真似る（まね） 흉내 내다, 모방하다

□ 剽窃論争（ひょうせつろんそう） 표절 논쟁

□ 巻き起こす（まお） 일으키다

□ 物語る（ものがた） 이야기하다

□ マニア 애호가, 마니아

□ 文壇（ぶんだん） 문단

□ 地殻変動（ちかくへんどう） 지각변동

□ 苦悩（くのう） 고뇌

□ 文化記号（ぶんかきごう） 문화기호

□ いかにも 아무리 봐도

□ ばり (인명·작품 등에 붙어) ～를 닮은, ～를 흉내 낸

□ 影が落ちる（かげお） 그림자가 드리우다

□ 批判（ひはん） 비판

□ 基盤（きばん） 기반

□ 絶叫（ぜっきょう） 절규

□ クールな 냉철한

□ 距離を置く（きょりお） 거리를 두다

□ スタンス 자세, 입장

□ 逸脱する（いつだつ） 일탈하다

□ あくまで 어디까지나

□ 模索する（もさく） 모색하다

□ 自画像（じがぞう） 자화상

□ ひきつける 갖다 붙이다, 억지로 둘러대다

□ 共感（きょうかん） 공감

□ 心地よい（ここち） 기분 좋다, 상쾌하다

□ ぐんぐん 힘차게 진행되거나 성장하는 모양, 쭉쭉, 부쩍부쩍

□ 引き入れる（ひい） 끌어들이다

□ 夜明かし（よあ） 밤샘

□ あたかも 마치, 흡사

□ とりわけ 특히, 유난히

## ① 〜のは〜です　〜한 것은 〜입니다

> ▶ 활용어를 명사로 만드는「の」. 계조사・격조사가 붙은「のは」「のも」「のが」와 같은 형태로 주어를 형성한다.

- 韓国で日本の作家が何十万もの読者から熱烈な人気を得ているのは、まったく異例の現象です。
- 堅苦しいのはどうも苦手です。
- 「薬剤師」の名称が法令上明文化されたのは、明治時代のことです。

## ② 〜のです　〜것입니다

> ▶ 「のだ」의 정중한 표현. 어떤 사항의 이유, 근거를 설명하며, 자기의 판단을 강조한다.

- そのような壁を打ち破り、文学それ自体として受け入れるようになった、その引き金となったのが春樹なのです。
- ＩＣ旅券のチップに記録されているのはデジタル・データで、読み取った情報の収集や転用が容易なのです。
- そのシンプルさと使っていて飽きがこないのが、定番商品の良さなのです。

## ③ 〜こと　〜사실, 것, 일

> ▶ 활용어의 사전형에 붙어 어구를 명사화시켜 강조한다.

- 韓国の作家にとって春樹の登場は、一つには、自らの問題意識と苦悩を共有する文化記号、自分たちが話したかったことを正確に表現してくれる文化記号との出会いとなりました。
- 『走ることについて語るときに僕の語ること』は、村上春樹が走ることについて書いたエッセイである。
- 大事なのは、よく働き、よく遊び、「普通の生活」をしっかり営むことではないでしょうか。

## もの　것, 말, 무엇

> ▶ 사물, 사항, 말, 문장, 작품 등을 나타낸다. 활용어에 붙어 명사화시켜, 강조, 감탄, 당연, 그리움 등을 나타낸다.

- 春樹人気によって、ある意味で文化的な相互理解が進んで、今後の両国の関係がより友好的な**もの**になるのではないかという期待ももっております。
- エネルギーの安全と安心をより確かな**もの**にするために、政府はエネルギー戦略会議を立ち上げた。
- その店には学生時代によく通った**もの**だ。

### 類義表現

## 「ものだ」と「ことだ」

| 공통 의미 | 영탄의 뜻을 나타낸다.

| 사용 구별 |

❶ 「ものだ」는 「よく(も)…ものだ」 형태로 의외성을 강조하는 경우가 많은데 반해, 「ことだ」는 보통 「何て…ことだ」 형태로 강조의 뜻을 나타낸다. 「ものだ」는 「よくも人前に出られたものだ」와 같은 형태로 비난의 뜻을 나타낼 수도 있다.

❷ 「ものだ」는 자연의 이치, 사회적 관습, 상식 등을 근거삼아 화자의 느낌을 나타내는 경향이 보이지만, 「ことだ」는 화자 개인이 느끼는 내용을 자유롭게 표현하는데 사용된다.

❸ 「ものだ」에는 「…したものだ」와 같은 형태로 과거에서 현재까지의 시간 흐름을 의식해서 현재 상태를 파악하는 영탄 용법이 존재하지만, 「ことだ」의 경우 현시점을 의식한 영탄 용법으로만 사용된다.

| 사용례 |

- ものだ：5年前と比べて、ずいぶんきれいになった**もの**だ。

  彼がそんなひどいことをするなんて。人って見かけではわからない**もの**ですね。

- ことだ：期待しない方がいい。現実にはありえない**ことだ**。

  正直、私にとってはどうでもいい**ことです**。

## ～わけです ～할 만도 합니다

▶ 어떤 사실이나 상황으로 보아, 결과로서 그것이 당연하다는 뜻을 나타낸다.

- 春樹の作風、創作技法、表現によって、自分たちの問題意識を表現する方法を手に入れたわけです。
- 移動については上司に何度もかけあってきました。そして、ついに今年、念願叶って希望どおりの部署に移動できたわけです。
- 今日は全国的に冷え込み、各地でこの冬一番の寒さを記録したという。どうりで寒いわけです。

### 類義表現

## 「わけだ」と「はずだ」

| 공통 의미 | 당연, 필연, 추정, 납득 등을 나타낸다.

| 사용 구별 |

❶ 「わけだ」는 어떤 전제에서 논리적으로 생각하면 한 결론에 도달한다고 하는 내용을 단정적으로 나타내는 표현이다. 한편 「はずだ」는 미지의 결론을 추정하는 용법이 중심이다. 둘 다 주관적인 판단에 근거한다 할 수 있지만, 「はずだ」가 보다 화자의 주관이 강하게 드러나는 경향이 있다.

❷ 「わけだ」「はずだ」는 둘 다 의문에 대한 답을 알게 되어 납득하는 상황에서 사용 가능하지만, 「わけだ」는 「それもそのはずだ。なぜなら…」와 같은 형태로 사용할 수 없다.

❸ 「わけだ」는 이미 알고 있는 사항을 다시 확인하는 상황에서 사용 가능하지만, 「はずだ」에는 이러한 용법을 찾을 수 없다. 한편 미지(未知)의 사상을 추정하거나 예상과 현실의 차이를 진술하는 「はずだ」의 용법은 「わけだ」에는 찾아볼 수 없다.

| 사용례 |

- わけだ : 14時間の時差があるので、ニューヨークはまだ8日なわけです。
- はずだ : 今日は確かジョン・レノンの命日のはずです。

## 🔑 関連キーワード

<ruby>芥川賞<rt>あくたがわしょう</rt></ruby>、<ruby>直木賞<rt>なおきしょう</rt></ruby>、ノーベル文学賞、古典文学、<ruby>純文学<rt>じゅんぶんがく</rt></ruby>、大衆文学、<ruby>和歌<rt>わか</rt></ruby>、言文一致、<ruby>文壇<rt>ぶんだん</rt></ruby>

## 💬 テーマで話そう

❶ なぜ<ruby>村上春樹<rt>むらかみはるき</rt></ruby>は人気があると思いますか。また、村上春樹の作品とその他の日本の文学作品はどのような点が異なると思いますか。

❷ ベストセラーになる作品の共通点とはどのようなものだと思いますか。

❸ 翻訳作品には原文にない魅力があると思いますか。それはどのようなものですか。

❶ 私と日本文学

❷ ○○○(文学作品または作家)の魅力

❸ 言語・文化と文学

❹ グローバル時代と翻訳

# 異文化
# コミュニケーション

❶ 外国人と一緒に仕事や勉強をしたことがありますか。
どこで、どのぐらいの期間ですか。

❷ その際、困ったこと、またはその経験を通じて学んだ
ことがありましたか。

# 「あうんの呼吸」をやめて組織を強くする

## 読者アンケートから見えた異文化コミュニケーションの"戸惑い"

実際に人材のグローバル化は各企業でどれくらい進んでいるのだろうか。

また、多国籍な人材が一緒に働くことで、どのような課題や問題点、あるいは利点が生まれているのだろうか。日経ビジネスオンライン編集部では、読者にアンケートを実施。現場の声を聞いてみた。

その結果からは、多国籍の人材が一つの組織の中で働くことで生じる様々な課題が浮き彫りになった反面、課題や問題を乗り越えて得られるメリットがいかに大きいかも見えてきた。以下でその内容を詳しく見ていく。

### 「あうんの呼吸」が通じずに齟齬が

アンケートの結果、回答者のうち85％が職場で外国人と一緒に働いたことがあると答えた。このうち、意思の疎通に問題があったかどうか聞いてみたところ、「ある」と答えたのは71％に上った。

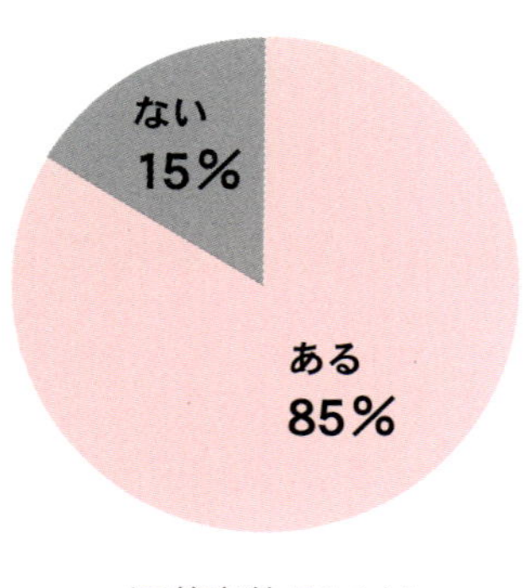


（回答者数704人）

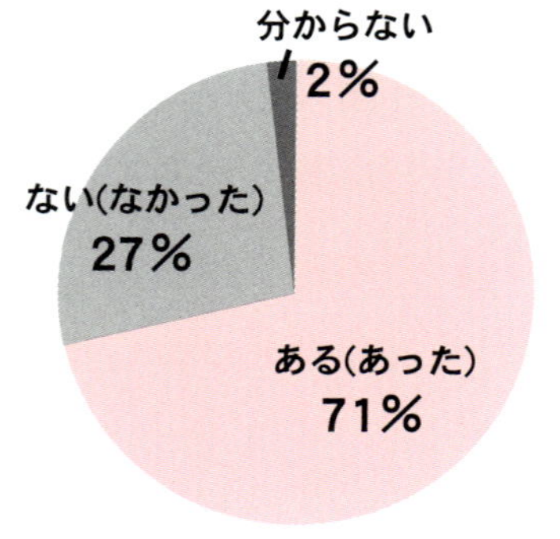


（回答者数599人）

　その理由を尋ねたところ「言語の違い」と答えた人が３０％だったのに対して、「価値観の違い」と答えた人が半数以上の５４％に上った。これに「文化や宗教などの違い」を加えると、６６％の人が言語よりも価値観や文化的背景などの相違が、コミュニケーションを妨げる要因になると感じているという結果となった。

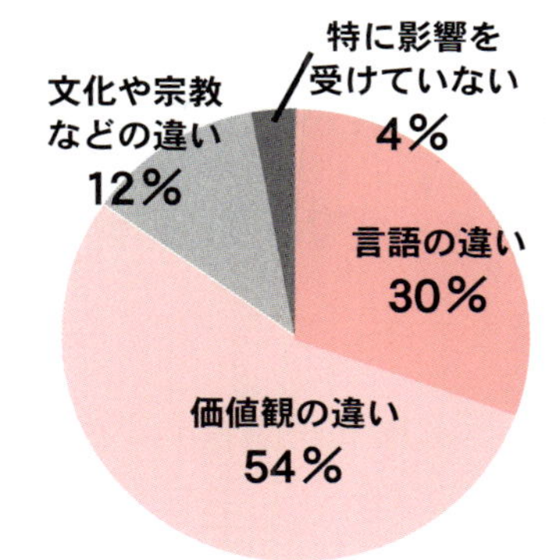



（回答者数４５０人）

　上司と部下、そして同僚など、組織の構成員がお互いに円滑で正確なコミュニケーションができなければ、仕事が滞ったり、間違った結果を招いたりすることになりかねない。確かに、母国語以外の言語で会話をする場合には誤解が生じることもあるだろう。しかし、アンケートを見ると意思の疎通を妨げているのは、必ずしも言語の違いだけではない。現場ではどのような齟齬が生まれているのだろうか。

　目だったのは、「あうんの呼吸が通じない」という声だ。一つの仕事に取り組む際、お互いの微妙な気持ちや思いに常に気を配り、たとえ言葉や文書で明確にしないことであっても、必要に応じて自分の仕事として取り組む。そんな"日本流"とも言える方法が通用せずに戸惑う声だ。

　「文化の違いが常識の違いを生み、日本人特有のあうんの呼吸で済ませようとすると手痛い目に遭う。きちんとお互いに再確認をすることが必要。同じ人間なのだから通じないことはない」（情報処理・ソフトウエア４０〜４４歳）

　「日本の常識は世界の非常識。今は自分にそう言い聞かせています（中略）。日本では一を言えば優秀な人なら十まで理解し仕事をしてくれますが、それは非常識

です。海外では、説明が無ければ、説明をしなかった者の責任になります」（製造業 30～34歳）

価値観の違いから思いもかけない事態に直面し、面食らう姿も見える。

「システム部で外国人と働いていますが、大規模な不具合が発生した場合、原因の確認をお願いすると、いつも『もう直ったからいいじゃない』と言われます。これではお客様や上層部への説明がつきません。また、原因を究明すれば再発防止対策も立てられるのですが、それにも興味がないようです。複数名働いておりますが、皆さんそのような傾向なので、一概に性格的なことでもないような気がします」（電気・電子機器製造 係長・主任クラス 35～39歳）

### 現場だけでなく全社的に取り組むべき

「いろいろな意味で持っている、狭い『枠』が取り払われる感じがする。会社の中で当たり前のこと、日本人にとって当然のことが新鮮に感じられたり、問題になったり…。仕事のやり方にしても、goalが同じならばやり方はそれぞれあっていいということを否応なしに受け容れざるを得なくなり、結果的に仕事がしやすくなる。ただし、意思疎通はやはり大変。むこうが日本語をかなり堪能に話せたのでよかったが…」（情報処理・ソフトウエア 40～44歳）

「日本では『推し量って仕事を自主的に進める』ことが、従業員に求められるスキルの1つです。その一方、私が一緒に仕事をした多くの外国人の方がたは、『しっかりと確認をとった契約の範囲内の仕事を進める』人が多いため、その違いに慣れるためには時間がかかりました。多くの時間をコミュニケーションに割き、口頭指示をさらに文章化するなどの手間をかけて、現在はかなり問題なく仕事ができるようになっています」（製造業 係長・主任クラス 35～39歳）

　アンケートからは、現場の社員一人ひとりが独自に工夫し、試行錯誤を繰り返しながら一つひとつ問題を克服していっている様子が伝わってきた。

**いかに多様性を受け入れられるか**

　多様な価値観を持つ人材が一緒に働くことは、組織を活性化させる原動力になるようだ。アンケートではコミュニケーションの難しさを挙げる人が多かった一方で、そこから得た新たな視点や発想が大きなメリットになったという声も多く見られた。換言すれば、多様性を受け入れられない組織は、経済環境の激しい変化の中では生き残っていけない可能性すらあるということ。そのことを肌で感じている現場の声には説得力がある。

　「社内で外国人と働くだけでなく、海外プロジェクトにおいて現地パートナーとの協働も経験しました。それらの経験の中で、自分の価値観が広がったり、気がつかない問題点が明らかになったりして、自分の仕事の進め方を見直し、工夫することが身につきました。相手に理解させることの難しさと楽しさを両方知った感じです。こういう経験のない人には違和感があるようですが、変わっていかないと日本の将来は暗いと思います」（電気・電子機器製造 係長・主任クラス 45〜49歳）

　多様性を受け入れることが組織を強くする――。真にグローバルな企業に求められるのはこの視点であるのは間違いなさそうだ。

http://business.nikkeibp.co.jp/article/manage/20080606/160774/?rt=nocnt

❶ 「あうんの呼吸」とはどのようなものでしょうか。


❷ アンケート結果によると、多国籍の人材が一つの組織の中で働く際に最も
コミュニケーションを妨げる要因は何ですか。


❸ 日本の職場での人間関係の特徴を本文から抜き出して、まとめてみましょう。


❹ 多様な価値観を持つ人材が一緒に働くことにはどのようなメリットがある
と述べられていますか。
具体的に書き出してみましょう。

- □ 戸惑い（とまど）　당황함, 망설임
- □ 人材（じんざい）　인재
- □ 浮き彫り（うぼ）　뚜렷이 보이게 되는 일
- □ 乗り越える（のこ）　극복하다, 뛰어넘다
- □ いかに　얼마나
- □ 齟齬（そご）　어긋남
- □ 疎通（そつう）　소통
- □ 相違（そうい）　서로 다름
- □ 妨げる（さまた）　방해하다
- □ 円滑（えんかつ）　원활
- □ 滞る（とどこお）　밀리다, 정체되다
- □ ～かねない　～할지도 모른다, ～할 법도 하다
- □ 取り組む（とく）　몰두하다, 대처하다
- □ 微妙な（びみょう）　미묘한
- □ 気を配る（きくば）　마음을 쓰다, 배려하다
- □ 手痛い目に遭う（ていためあ）　따끔한 맛을 보다, 호되게 당하다
- □ ～ないことはない　～하지 못할 것은 없다, ～할 수도 있다
- □ 言い聞かせる（いき）　타이르다, 설득하다
- □ 思いもかけない（おも）　생각지도 않다, 뜻밖이다
- □ 面食らう（めんく）　허둥대다, 쩔쩔매다
- □ 不具合（ふぐあい）　상태가 좋지 않음
- □ 究明（きゅうめい）　구명, 규명
- □ 再発防止対策（さいはつぼうしたいさく）　재발방지대책
- □ 一概に（いちがい）　무조건, 일률적으로
- □ 全社的（ぜんしゃてき）　회사 전체적

- □ 枠（わく）　틀
- □ 取り払う（とはら）　철거하다, 제거하다
- □ 否応なしに（いやおう）　좋든 싫든
- □ 受け容れる（うい）　받아들이다
- □ ただし　단, 다만
- □ 堪能（たんのう）　뛰어남, 능숙함
- □ 推し量る（おはか）　헤아리다, 짐작하다
- □ スキル　스킬, 기술
- □ 割く（さ）　할애하다
- □ 手間をかける（てま）　노력(수고)을 하다
- □ 工夫する（くふう）　궁리하다
- □ 試行錯誤（しこうさくご）　시행착오
- □ 克服する（こくふく）　극복하다
- □ 原動力（げんどうりょく）　원동력
- □ 換言（かんげん）　환언, 바꾸어 말함
- □ 協働（きょうどう）　협동
- □ 違和感（いわかん）　위화감

## 1　〜反面　〜반면

> ▶ 상반되는 두 가지의 성질이나 상태가 동일 주체나 상황에 동시에 존재하는 모양을 서술할 때, 그들 두 성질이나 상태를 대조하여 나타내는 표현이다. 「半面」이라고 표기하는 경우도 있다.

- その結果からは、多国籍の人材が一つの組織の中で働くことで生じる様々な課題が浮き彫りになった反面、課題や問題を乗り越えて得られるメリットがいかに大きいかも見えてきた。
- ＩＴ技術の発達は、便利さをもたらしてくれる反面、新しいタイプの社会問題や犯罪の原因にもなっている。
- 後輩に頼りにされるのは、嬉しい反面、あまり度が過ぎると面倒臭くもなる。

## 2　〜のに対して　〜것에 비해서

> ▶ 두 개의 사항에 대해서 그 성질, 상태, 수량적인 규모, 동작 등의 차이를 대비하여 나타내는 표현이다.

- その理由を尋ねたところ「言語の違い」と答えた人が３０％だったのに対して、「価値観の違い」と答えた人が半数以上の５４％に上った。
- 大型店の進出については、周辺の消費者層が歓迎しているのに対して、小型店の商店主達は反対している。
- 欧米の職場では個人の能力が重視される傾向が強いのに対して、日本の職場ではチームワークが重視される傾向が強いようだ。

# 確かに、～だろう。しかし、～（必ずしも）～ではない / わけではない

틀림없이 ～일 것이다. 그러나 (반드시) ～이 아니다

> ▶ 상대방의 의견이나 일반론 또는 예상되는 반론을 일단 인정한 뒤에 그러한 생각의 미흡함이나 또 다른 관점을 제시할 때 쓰이는 표현이며, 자신의 주장을 전개하기 위한 도입 문장으로 쓰이는 경우도 많다.

- 確かに、母国語以外の言語で会話をする場合には誤解が生じることもあるだろう。しかし、アンケートを見ると意思の疎通を妨げているのは、必ずしも言語の違いだけではない。

- 確かに、子供に外国語をきちんと身につけさせたければ学習を始める年齢が早いに越したことはないだろう。しかし、そのことによって母国語の教育が疎かになりはしないかと憂慮する意見も多い。

- 確かに、地球の気温は現在温暖化しつつあるようだ。しかし、地球温暖化は人類が化石燃料を大量に使用し始める以前の18世紀から続いているものであり、二酸化炭素の人為的な排出が地球温暖化の原因であると立証されたわけではない。

# ～（その）一方（で）　～ 한편

> ▶ 두 개의 사항에 대해서 그 성질, 상태, 수량적인 규모, 동작 등의 차이를 대조하여 나타내는 표현이다. 또는 동일 주체에 속하는 서로 다른 성질이나 동작을 대조하여 나타낸다. 두 개의 단락 내용을 대조하는 것과 같은 비교적 큰 문장 단위의 대조 표현으로도 사용된다.

- 日本では『推し量って仕事を自主的に進める』ことが、従業員に求められるスキルの1つです。その一方、私が一緒に仕事をした多くの外国人の方がたは、『しっかりと確認をとった契約の範囲内の仕事を進める』人が多いため、その違いに慣れるためには時間がかかりました。

- 『冬のソナタ』がブレイクして以来、中年女性層を中心に韓国ドラマ・ブームが続いている。一方、韓国ポップスは若者たちの間で人気を博している。

- 彼女は、スピードスケート選手として冬季五輪で活躍する一方、自転車の選手として夏のオリンピックにも出場した。

### その他の対照・対比の表現

**❶** ～に比べて（～에 비해서）：두 개의 사항에 대해서 그 성질, 상태, 수량적인 규모, 동작 등의 차이를 대비하여 나타내는 표현이다.

- 蛍光灯に比べて、ＬＥＤ照明は寿命が長く、消費電力量も少なくて済む。

- 従来のハイブリッドカーが外部電源から充電する必要があるのに比べて、燃料電池自動車は水素と酸素の化学反応により電気を発生させる発電機を内蔵している点で、大きく異なる。

- 論文や学術書は、小説を読むのに比べて骨が折れるので、通勤電車の中ではあまり読まない。

**❷** ～。他方（で）（～. 한편으로는）：「～。一方、～」와 쓰임새가 거의 똑같다. 다만 「一方」는 「～する一方、～」처럼 문장을 끊지 않고 접속할 수 있는 데 비해 「他方」는 「～する他方、～（×）」와 같이 사용하지 않는다. 또한 「～。그その一方、～」가 가능한 데 비해 「～。その他方、～（×）」는 불가능하다. 두 개의 단락 내용을 대조하는 것과 같이 비교적 큰 문장 단위를 대조할 때 사용하는 경우가 많다. 또 덧붙여 언급해 두고 싶은 사항을 삽입할 경우에도 쓰인다.

- 彼は銀行に勤めながら、他方で小説を執筆して、文学賞を受賞した。

- インターネットの普及により一般市民層が表現・言論の自由を行使しやすくなった。しかし、他方で名誉毀損やプライバシーの侵害が起こりやすくなり、インターネットに関する法制度の整備が急務となっている。

- 就職難の時期には、大学生達が卒業を遅らせたり、大学院に進学してより専門的な知識・技能を身につけようとする傾向が見られる。他方で、近年、高学歴の失業者が増えつつあるということが問題として指摘されてもいる。

**❸** 一方では～。他方（では）～（한편으로는 ～. 또 한편으로는 ～）：대조나 대비를 하는 문장 범위를 최대한 명확히 가리키는 표현이다.

- 明治期の日本は、一方では「脱亜入欧」をスローガンにアジア的な後進性を脱し、欧米列強の一員となることを目指した。他方でこの時期に現れた「和魂洋才」という言葉に象徴されるように、西洋の技術を受け容れながらも、日本古来の伝統的な精神性を堅持しようという考え方も根強く存在し続けた。

- 円高は、一方では輸出品の価格競争力を下げ、輸出産業に景気沈滞をもたらすが、他方で、輸入品の価格や海外旅行のコストを下げるというメリットもある。

- 一方では、本社への栄転は心から望んでいたことであり、嬉しかった。だが、他方ではこの札幌支社の同僚達や札幌の街に情が移っていて別れるのが辛かった。

## 🔑 関連キーワード

国民性、アイデンティティ、自己形成、他者、文化摩擦（まさつ）、カルチャーショック、非言語コミュニケーション、ボディーランゲージ、ジェスチャー、ステレオタイプ

## 🗨 テーマで話そう

❶ あなたの国の学校や職場に外国人が入ってきたら、どのような誤解やコミュニケーション上の困難が生じると思いますか。

❷ あなたの国の学校や職場に外国人が入ってくることによって、どのようなプラスの効果が期待できるでしょうか。

❸ あなたの国でも都市部では多民族・多文化共生社会になりつつありますが、このような状況に関連して、どのような制度があるべきだと思いますか。また、どんな行事やイベントがあったら面白いと思いますか。

❶　私の異文化体験

❷　私の国の外国人

❸　日本語能力と日本文化の理解

# 05 国際結婚

❶ 恋愛と結婚はどんな点が違うと思いますか。

❷ 結婚して幸せな家庭を築くために大切なことは何だと思いますか。

❸ 国際結婚をしたいと思ったことはありますか。
家族の誰かが結婚相手として外国人を連れてきたら、あなたはどうしますか？

　国際結婚の動きを、人口動態統計により、夫婦の一方が外国人の婚姻件数、離婚件数の推移から見てみることとする。

　国際化、グローバリゼーションの進展に伴い、国際結婚は増加している。日本人と外国人の結婚は、１９６０年代には４〜５千件であったが、１９８０年代、特にその後半から、急増しはじめ、１９８３年に１万件、１９８９年に２万件、１９９９年に３万件、そして２００５年に４万件を越えた。ところが２００６年の4.47万人をピークにそれ以後減少に転じている。

　婚姻数全体に占める国際結婚の比率は、実数以上に大きく上昇して来た。１９７０年代にはなお１％を下回っていた国際結婚比率は、１９８９年には３％を上回り、２００６年には、6.1％が国際結婚となった。その後、フィリピン女性との婚姻数の激減など結婚件数の大幅な減少に伴って比率も低下し、２０１０年には4.3％となっている。

　日本にいる外国人は約２００万人(外国人登録数)と総人口の２％以下であるのと比較しても国際結婚の比率はかなり高いといえよう。嫁不足現象は農村からはじまって、都市にも広がっていると言われるが、日本人男女同士のミスマッチが国

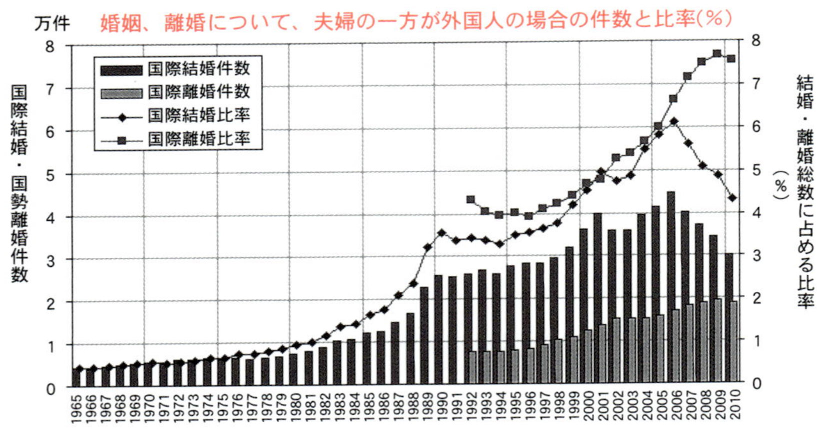

際結婚の増加を生んでいる側面も無視できないと思われる。

　国際結婚が多くなるに伴って、外国人との結婚の破綻(離婚)も増加しており、２００９年には、離婚件数全体の７.７％を占めている。概して国際結婚比率より国際離婚比率の方が高いので、外国人との結婚が日本人同士より壊れやすいといえるのかもしれない(結婚後配偶者が日本国籍を取得する場合もありその場合は離婚は国際離婚とならないので、国際離婚はやはり多いというべきであろう)。結婚があって離婚があるので、国際結婚が２００６年をピークに減少に転じたのに遅れて国際離婚は２００９年をピークに減少に転じたようである。

　国際結婚の内容であるが、日本人女性が外国人を夫にする場合と、日本人男性が外国人を妻にする場合とがあり、後者の急増が目立っている。１９７４年までは外国人夫が外国人妻を上回っていたが、７５年から逆転し、現在では、ほぼ外国人妻が外国人夫の３〜４倍となっている。

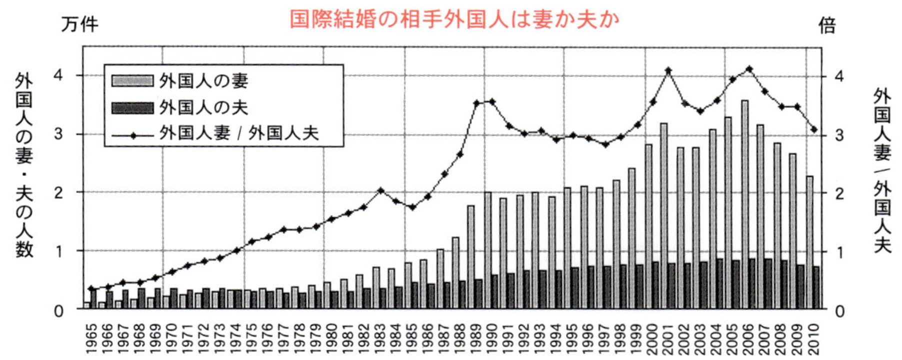


　外国人妻の国別推移については、かつては多くが在日が主と考えられる韓国・朝鮮人女性が多かったが、１９９２年以降、フィリピン女性が最多となり、１９９７年以降は、中国人女性が最多となっている。近年、フィリピン女性との婚姻が急

減しているが、国内在住の若いフィリピン女性が少なくなったことが背景として指摘できる。

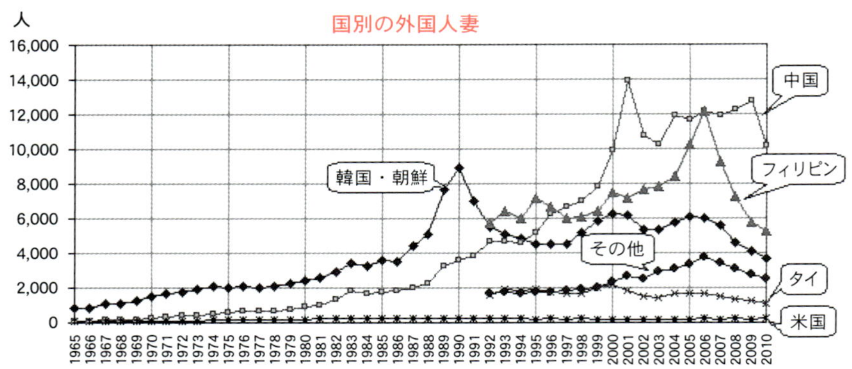


　一方、外国人夫の場合は、１９７０年までは米国人が最多であったが、１９７１年以降は韓国・朝鮮人男性が最多となった（日本人女性と結婚し帰化する在日の男性も多かったと思われる）が、韓国・朝鮮籍男性との結婚は１９９６年から減少に転じ、それに代わって、米国人や中国人の他、「その他」に示される多種多様な国の男性との結婚が大きく増加しているのが目立っている。

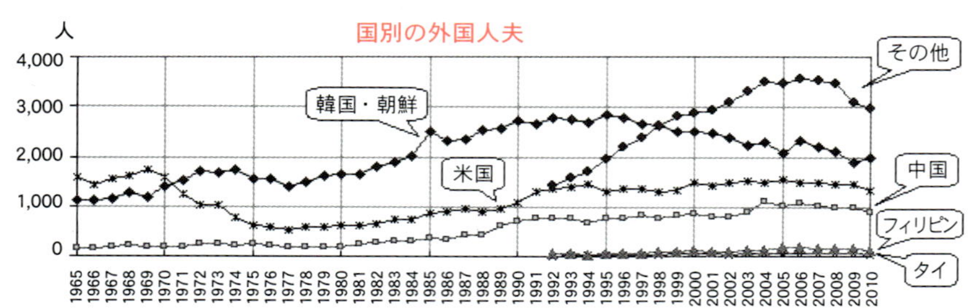


（注）戸籍法に基づく全国の市区町村への届出及び外国における日本人の婚姻・離婚についての届出が対象

　日本だけでなく東アジア地域では、結婚相手として外国人女性との結婚が増えている（関連して、日本以外のシンガポール、台湾（タイワン）、香港（ホンコン）などではメイドやベビーシッターなどの家庭内労働者として外国人が多く働いている）。ここでは、早瀬（はやせ）保子（やすこ）・大淵寛（おおぶちひろし）編著「世界主要国・地域の人口問題（人口学ライブラリー８）」原書房

（２０１０）に掲載されている台湾と韓国の状況、及び同様の状況にあるスペインの
事例を以下に引用する。

（台湾）

　「台湾では、毎年の婚姻件数のうち配偶者のいずれかが外国籍であるケースが
７％程度（日本では約５％）を占め、そのうち９０％以上が台湾男性と外国人女性の
夫婦、中でも中国大陸籍の女性を妻とするケースが大半を占めている。出生にお
いても、外国籍の母から生まれる子どもの割合が、出生総数の１０分の１を占めて
いる（日本では約２％）。」

（韓国）

　「韓国でも国際結婚が増えており婚姻全体の１０％以上を占める。９０％近くが
朝鮮族を主とした中国およびベトナムやフィリピン等の東南アジア諸国の女性と
韓国人男性の組み合わせで、夫の職業が農林水産業である割合が高く、男女とも
に再婚が多くなっている。言葉の障壁が小さい中国大陸女性の動きが、東アジア
諸地域の人口変動にこれまでになく大きな影響を及ぼしはじめた。」

（スペイン）

　「スペインの場合、ラテンアメリカに対する積極的な移民政策は、少子高齢化の
影響を受け、国内で需要が充たされなくなった、特定労働市場への移民労働力の
導入がその目的であった。現在、再生産の補助活動（介護・育児・家事）のみなら
ず、出産の担い手の役割を移民とその家族に見出そうとする意図が見られるが、
祖先や血のつながりに加えて、宗教・言語といった基層文化の共有という、スペ
インとラテンアメリカの特有の関係が前提となっている。」

『社会実情データ図録』 http://www2.ttcn.ne.jp/honkawa/1190.html（２０１１年９月２日更新）<br>グラフは全て、厚生労働省『人口動態総計』による。

❶ 1960年代から2000年代まで日本の国際結婚の件数は、どのように推移してきましたか。

❷ 日本での婚姻数全体に占める国際結婚の比率は、1970年代から2000年代までどのように推移してきましたか。

❸ 台湾・韓国・スペインの事例についてどういうことが述べられていますか。

❹ 国際結婚比率と国際離婚比率、またそれらの推移からどのようなことがわかりますか。

- 動き（うご）　동태, 동향
- 人口動態統計（じんこうどうたいとうけい）　인구 동태 통계
- 婚姻件数（こんいんけんすう）　혼인 건수
- 推移（すいい）　추이
- 進展（しんてん）　진전
- 比率（ひりつ）　비율
- 実数（じっすう）　실제 수량
- 上回る（うわまわ）　상회하다
- 下回る（したまわ）　하회하다
- 激減（げきげん）　급감
- 大幅な（おおはば）　대폭적인, 큰 폭의
- 嫁不足（よめぶそく）　신부 부족
- ミスマッチ　부적당, 어울리지 않는 짝짓기
- 破綻（はたん）　파탄
- 概して（がい）　대체로, 일방적으로
- 配偶者（はいぐうしゃ）　배우자
- 逆転する（ぎゃくてん）　역전되다
- 在日（ざいにち）　재일
- 最多（さいた）　최다
- 帰化する（きか）　귀화하다
- 多種多様（たしゅたよう）　다종다양, 가지각색
- メイド　가사도우미
- ベビーシッター　베이비 시터
- 掲載する（けいさい）　게재하다
- いずれか　어느 쪽인지
- 大半（たいはん）　과반, 대부분

- 組み合わせ（くあ）　조합
- 農林水産業（のうりんすいさんぎょう）　농림수산업
- 再婚（さいこん）　재혼
- 障壁（しょうへき）　장벽
- ラテンアメリカ　라틴아메리카
- 少子高齢化（しょうしこうれいか）　저출산 고령화
- 介護（かいご）　간호, 병구완
- ～のみならず　～뿐만 아니라
- 担い手（にないて）　담당자, 떠맡은 사람
- 見出す（みいだ）　찾아내다
- 血のつながり（ち）　혈연
- 基層文化（きそうぶんか）　기층문화
- 前提（ぜんてい）　전제

## 1　〜に伴い / 〜に伴って　〜에 따라

▶ 앞의 사건에 관련해서 후속 사건이 진전하는 것을 나타내는 표현.

- 国際化、グローバリゼーションの進展に伴い、国際結婚は増加している。
- 子供の成長に伴って、家族で共に過ごす時間が少なくなってきた。
- 学生数の増加に伴い、学生の質も多様になってきました。

## 2　〜をピークに　〜을 정점으로

▶ 그것을 정점으로 하는 의미. 그 후 숫자가 내려가는 것을 나타내는 표현.

- 国際離婚は２００９年をピークに減少に転じたようである。
- 従業員数は１９８１年の41,949人をピークにそれ以降、減少を続けている。
- 自動車交通が急成長期に入った昭和３０年代から、交通事故発生件数、交通事故死者数が共に激増し、４０年代半ばにピークとなって、それ以降減少に転じたが、５０年代半ばから、再び増加しはじめた。

## 3　〜（減少 / 増加）に転じる　〜(감소 / 증가)로 돌아섰다

▶ 감소 · 증가 경향에 변화하는 것을 나타내는 표현.

- 結婚があって離婚があるので、国際結婚が２００６年をピークに減少に転じたのに遅れて国際離婚は２００９年をピークに減少に転じたようである。
- 総務省によると、携帯電話を調査対象に加えた１９９２年度以来、国内の音声通話の通信回数が今年初めて減少に転じたそうだ。
- 年末年始に国内や海外へ旅行に出かける人は、２０１０年以降、２年ぶりに増加に転じる見通しです。

## 〜を占める 〜을 차지하다

> ▶ 전체 안에서 어떤 비율이나 비중 따위를 이루는 것을 나타내는 표현.

・婚姻数全体に占める国際結婚の比率は、実数以上に大きく上昇して来た。
・日本国内でもiphoneとアンドロイド・スマートフォンのシェアが逆転し、アンドロイドが過半数を占めている。
・集まった200人以上の報道陣の中で、席の半数以上は外国人ジャーナリストが占めていた。

## 〜を下回る / 〜を上回る 〜을 밑돌다 / 〜을 웃돌다

> ▶ 어떤 숫자나 기준보다 아래나 위에 있는 것을 나타내는 표현.

・1970年代にはなお1％を下回っていた国際結婚比率は、1989年には3％を上回り、2006年には、6.1％が国際結婚となった。
・韓国中央銀行は、2012年の国内総生産(GDP)成長率が中銀予想の2.4％を下回る可能性があると明らかにした。
・米労働省が発表した11月の雇用統計によると、雇用者数の伸びが市場予想を上回っている。

## 急増 / 急減 / 大きく増加 / 大きく減少
급증 / 급감 / 크게 증가 / 크게 감소

> ▶ 갑작스러운 또는 큰 변화를 나타내는 표현.

・国際結婚の内容であるが、日本人女性が外国人を夫にする場合と、日本人男性が外国人を妻にする場合とがあるが、後者の急増が目立っている。
・多種多様な国の男性との結婚が大きく増加しているのが目立っている。
・世界全体から米国への資本流入は2008年に大きく減少したが、流入額の地域別内訳を見ると、欧州勢とりわけ英国の減少が目立つ。

## 逆転する　　역전하다

> ▶ 현상이 반대 양상으로 변화하는 것을 나타내는 표현.

- 1974年までは外国人夫が外国人妻を上回っていたが、75年から逆転し、現在では、ほぼ外国人妻が外国人夫の3〜4倍となっている。
- 映画の興行収入に占めるシェアでは洋画が約7割を占めていた時期もあったが、2000年代後半に邦画が逆転した。
- 第1回投票では、地方票の過半数を獲得した石破氏がトップに立ったが、議員票との合計では過半数に届かず、決選投票で安倍氏が逆転した。

## 🔑 関連キーワード

ダイバーシティ(diversity)、ダイバーシティ・マネジメント(Diversity Management)、グローバル時代、多文化共生社会、結婚形態多様性、嫁不足現象、帰化、ハーグ条約、PACS(パックス：Pacte Civil de Solidarité)、民事連帯契約、連帯市民協約、市民連帯契約

## 💬 テーマで話そう

❶ 日本人女性が外国人を夫にする場合より、日本人男性が外国人を妻にする場合が急増しているのはなぜだと思いますか？

❷ あなたの国では、国際結婚の件数や比率は時代的にどのように推移してきましたか。本文の日本のケースと比較できる資料を探して、発表してみましょう。

❸ あなたの国は国際結婚に対して寛容（かんよう）な方だと思いますか。また、国際結婚家庭を受け入れる制度的な態勢（たいせい）が整（ととの）っていると思いますか。

❶ 私にとって「結婚」とは

❷ グローバル時代と国際結婚

❸ 多文化共生社会

# 06

# 伝統文化

❶ 「お祭り」「伝統文化」と聞いて何を思い浮かべますか。

❷ 伝統的な職業にはどんなものがありますか。

❸ 外国人に自国の文化を紹介するとしたら、どんなことを
紹介しますか。

❹ 海外旅行や国内での外国人との交流の中で文化の違いを
実感したことがありますか。

**本文**

**❶ 農作業のあと、豊作を祈る行事がありますか？**

田植えが終わりますと疲れた身体をいやし、秋の豊作を願う「さなぶり」と言う祭りをします。家族でごちそうを作り会食を楽しみます。以前は集落で「さなぶり」休みがあり温泉旅行等をしました。世界の国々や地域には、このような風習や行事がありますか。

☎ アメリカ　岡澤真理（おかざわまり）さん【２００９.１０.１７放送より】

アメリカには、サンクスギビングデー（感謝祭（かんしゃさい））という行事があります。これは、毎年１１月第４木曜日で、国民の休日になっています。感謝祭はアメリカ人にとって一年のうちで一番大切な家族で過ごす行事でもあります。感謝祭は、イギリスからマサチューセッツ州に移住したピルグリムファーザーズ注1)の最初の収穫を記念する行事です。１６２０年に移住したイギリスの清教徒（せいきょうと）は、慣れない土地、厳寒の冬、深刻な食料不足に襲われました。それを見た先住民が清教徒に手を差し伸べ、彼らに狩猟（しゅりょう）や農耕（のうこう）を教えました。そのおかげでその秋、収穫を迎えることができ、その収穫を喜び、神に感謝を捧げるため食事会を開きました。その会食に招かれた先住民が七面鳥とカボチャを持参したことから、七面鳥とカボチャは感謝祭にかかせない料理になっています。通常、感謝祭の前日から故郷を目指して大移動がはじまり、フリーウェイや飛行機も１年で最も混雑します。翌日は、アフターサンクスギビングデーと呼ばれ、この日限定の大安売りをするデパートやお店が多いです。

**❷ 世界の奇祭（きさい）、珍しいお祭りを教えてください。**

☎ スペイン　山口純子（やまぐちじゅんこ）さん【２０１０.３.２７放送より】

スペインのめずらしいお祭りといえば、まず牛追い祭りがあります。スペイン北部のパンプローナという町で毎年7月6日から14日にかけて開催されます。牛追い祭りの正式名称は、サン・フェルミン祭です。毎朝8時に市内にはなたれた6頭の闘牛用（とうぎゅうよう）の雄牛を闘牛場に追い入れます。この牛追い祭りは、スペインの国民的なイベントの一つで、期間中、毎朝テレビの三つのチャンネルで生中継されます。通り沿いは見物人でいっぱいで、目の前を牛が駆けていく姿を見物します。人々は通りに待ちかまえていまして、牛が近づいてくるといっしょに走ります。牛の方が足が速いので、人々を追い抜いて行きます。だから牛追いというより牛追われという感じです。邪魔（じゃま）をするものはすべてけ散らしながら、牛の一団は最終地点である闘牛場へと向かいます。昔、お祭り期間中に毎日開催される闘牛の興行に使う雄牛を、村はずれの囲いから村の中心にある闘牛場へ追い込んだのが起こりだと思われます。

**❸ 職人気質（しょくにんかたぎ）を感じるときはありますか？**

自分の技能への誇り、こだわりなどから来るがんこさを感じさせる職人さんは、どの国にもいると思います。機械化と大量生産の今でも、そういう気質を感じるのはどんな職業でどんな場合でしょうか。

**☎ 中国　二十歩文雄（にじゅうぶふみお）さん【2010.12.18放送より】**

世界の磁都・景徳鎮には色々な職人がいます。轆轤（ろくろ）をひく人・削る人・細工をする人・窯（かま）をたく人・釉薬（ゆうやく）を作る人。全て昔からの分業制です。学歴は低くてもプライドを持ってよい仕事をこなしています。私は景徳鎮陶磁学院に奉職する前は瀬戸市（せとし）にある陶磁器専門の職業訓練校で轆轤でそろえる技能を訓練してきました。ここの学生の前で短時間にそろえる轆轤をひきますとびっくりされます。日本の職人技能の面目躍如（めんもくやくじょ）です。陶芸も基礎として職人

に負けない技能やプライドを身につけることを日々の授業で諭します。今、

日本の陶産地では職人が減少しています。若い後継者を養成する体制や待遇

改善しないと人材が益々いなくなります。残念なことです。景徳鎮の陶磁器

職人は若い後継者が生活できる環境にあります。衣服に白い粘土を付けて堂々

とかっ歩する姿には頼もしさを感じます。職人の心意気はすばらしいものです。

## ❹ 「しぐさ」で誤解されたことはありますか？

日本人は他人の前を横切るさい、手刀を切る[注2]ようなしぐさをして「失礼」

ということを、暗に表現することがあります。私はこれをアメリカ人にして

「『刀で切る』意味ですか」と言われたことがあります。中国では、なにげなく

パタパタと両手をすり合わせるように打ったら「きたないですね」と言われま

した。中国ではちりやほこりを払う時にするしぐさだそうです。このような

しぐさやサインランゲッジで、日本のものと違った意味合いで使われるもの

はありますか。また困った体験はありますか。

### ☎ インド　安藤加奈子さん【2009.6.27放送より】

インドの人のしぐさでわかりにくいのは、相づちの打ち方が違うことです。

日本では相づちを打つときや、了解したときは「うん、うん」と縦に首を動

かします。ところがインドでは顔を器用に横に振るんです。首が柔らかいの

か、首は動かさないで顔だけが左右に揺れるような様子は、首振り人形のよ

うで初めはとてもおもしろく感じました。お手伝いさんに用事をたのんだと

き、そのしぐさを知らなかった当時は「この人ニコニコしながら顔を横に左右

に振っているけど、私の言っていることが理解できているんだろうか」と何度

も疑問に思いました。しかし、顔を横に振った直後に、私の頼んだことを即

座にしてくれようとするので、それが了解のサインだと言うことがだんだんわ
かってきました。以前何かのことで怒り心頭に発したとき、私に注意されて
いたインド人の職人さんが、真顔で顔をフリフリしています。それを見てい
たら、怒っている自分が妙にこっけいに感じられて、怒り損と言いますか、
怒る気がなくなったことがありました。ニコニコしながら顔振りをされたと
きは、とてもひょうきんに見えますし、真顔でフリフリされたときはふざけ
られているような感じもしますし、しぐさの違いって感情に大きく訴えるも
のだなと思いました。こちらでの暮らしが５年目を迎えますと、わたしもつ
いつい顔を横に振ってしまう今日このごろです。

『ＮＨＫ地球ラジオ 世界まるごと質問箱』
① http://www.nhk.or.jp/gr/qa/culture/culture_09-0529.html
② http://www.nhk.or.jp/gr/qa/culture/culture_10-0116.html
③ http://www.nhk.or.jp/gr/qa/other/other_10-0825.html
④ http://www.nhk.or.jp/gr/qa/culture/culture_09-0322.html

注1) ピルグリムファーザーズ[Pilgrim Fathers]：1620年メイフラワー号に乗って新大陸で移
住した102人のイギリス清教徒
注2) 手刀を切る：相撲で、勝ち力士が土俵の上で、行司から懸賞金を受け取るときの作法。右
手を手刀にして中央・右・左の順に切る。

❶ アメリカのサンクスギビングデーの由来を簡潔(かんけつ)に述べなさい。

❷ スペインのサン・フェルミン祭の由来を簡潔に述べなさい。

❸ 中国の景徳鎮(けいとくちん)の陶磁職人社会の状況を日本の場合と対照して述べなさい。

❹ 相手の言っていることを了解した時のインド人のしぐさを簡潔にまとめて述べなさい。

- 田植え（たう）　모내기
- いやす　치료하다, 가시게 하다
- さなぶり　모내기가 끝난 뒤의 축하 행사
- 集落（しゅうらく）　취락, 촌락
- 感謝祭（かんしゃさい）　감사제
- 清教徒（せいきょうと）　청교도
- 厳寒（げんかん）　혹한
- 襲う（おそ）　덮치다, 들이닥치다
- 先住民（せんじゅうみん）　원주민
- 差し伸べる（さ　の）　내밀다, 뻗치다
- 狩猟（しゅりょう）　수렵
- 農耕（のうこう）　농경
- 大安売り（おおやすう）　염가대매출
- 奇祭（きさい）　특별한 축제
- 牛追い（うし　お）　소몰이
- 闘牛（とうぎゅう）　투우
- 雄牛（おうし）　황소, 수소
- 通り沿い（とお　ぞ）　길가
- 待ちかまえる（ま）　기다리다, 대기하다
- 追い抜く（お　ぬ）　앞지르다, 추월하다
- け散らす（ち）　쳐서 흩뜨리다, 쫓아 버리다
- 一団（いちだん）　한 무리
- 興行（こうぎょう）　흥행
- 村外れ（むらはず）　동구 밖
- 囲い（かこ）　담, 울타리
- 起こり（お）　시초, 기원
- 追い込む（お　こ）　몰아넣다
- 職人気質（しょくにんかた　ぎ）　장인 기질
- 誇り（ほこ）　자랑, 긍지
- 磁都（じ　と）　도자기의 도시

- 轆轤（ろくろ）　물레
- 細工（さい　く）　세공
- 窯（かま）　가마
- 釉薬（ゆうやく）　유약
- こなす　익숙하게 다루다
- 奉職する（ほうしょく）　봉직하다, 종사하다
- 面目躍如（めんもくやくじょ）　진면목을 발휘함
- 諭す（さと）　깨우치다
- 粘土（ねん　ど）　점토
- 堂々と（どうどう）　당당히
- かっ歩する（ぽ）　활보하다
- 心意気（こころ　い　き）　기상, 기개
- しぐさ　동작, 몸짓
- 横切る（よこ　ぎ）　가로지르다
- 暗に（あん）　넌지시
- パタパタと　먼지 등을 가볍게 터는 모양. 탁탁
- すり合わせる（あ）　손을 털다
- サインランゲージ　몸짓 언어
- 意味合い（い　み　あ）　사정
- 相づちを打つ（あい　う）　맞장구치다
- 器用に（きよう）　능숙하게
- 首振り人形（くびふ　にんぎょう）　머리 흔드는 인형
- 即座に（そく　ざ）　즉석에서, 당장
- 怒り心頭に発する（いか　しんとう　はっ）　화가 머리끝까지 나다
- 真顔（ま　がお）　진지한 표정, 정색
- フリフリする　흔들다
- 妙に（みょう）　이상하게, 묘하게
- こっけい　우스꽝스러움, 어이없음
- ひょうきん　우스꽝스러움
- ふざける　장난치다, 놀리다

## 1　〜という　〜라고 하는

▶ 명칭을 덧붙이는 표현.

・秋の豊作を願う「さなぶり」と言う祭りをします。
・長野県には「雪祭り」という五穀豊穣を願う祭りがあります。
・『欲望という名の電車』は、テネシー・ウィリアムズの作品である。

## 2　〜を記念する　〜을 기념하다

▶ 기념 행사의 취지를 나타내는 표현.

・感謝祭は、イギリスからマサチューセッツ州に移住したピルグリムファーザーズの最初の収穫を記念する行事です。
・JKゴルフクラブでは開場50周年を記念するコンペが開催されることとなりました。
・今年は世界中で愛される数多くのキャラクターを生みだした氏の生誕百年を記念する年にあたります。

## 3　〜ことから　〜한 것에서

▶ 근거나 유래를 나타내는 표현.

・その会食に招かれた先住民が七面鳥とカボチャを持参したことから、七面鳥とカボチャは感謝祭にかかせない料理になっています。
・オリンピックは、ゼウスの神殿のあったオリンポス(オリンピア)で古代オリンピックが開催されたことから命名された。
・原発事故の際、正確な情報が発信されなかったことから政府や電力会社への不信感は高まった。

## ～といえば～があります ～라고 하면 ～이 있습니다

▶ 어떤 일을 화제로 삼거나 바로 연상되는 것을 말하는 표현.

・スペインのめずらしいお祭りといえば、まず牛追い祭りがあります。
・月島（つきしま）といえば、もんじゃ焼きが有名です。
・手塚治虫（てづかおさむ）の代表作といえば、「鉄腕（てつわん）アトム」「ジャングル大帝（たいてい）」「ブラック・ジャック」などがあります。

## ～から～にかけて ～에서 ～에 걸쳐서

▶ 시간적 · 공간적 범위를 나타내는 표현.

・スペイン北部のパンプローナという町で毎年７月６日から１４日にかけて開催されます。
・大晦日（おおみそか）から元旦（がんたん）にかけて地下鉄は延長運転を行う予定です。
・西日本から北日本にかけての広い範囲で、記録的な暴風・大雨となった。

## 様々な受身形

❶ 직접수동문 (直接受身文)

・１６２０年に移住したイギリスの清教徒は、慣れない土地、厳寒の冬、深刻な食料不足に襲われました。
・この牛追い祭りは、期間中、毎朝テレビの三つのチャンネルで生中継されます。

이는 「子どもが母親にしかられた」와 같이 능동문(「母親が子どもをしかった」)의 행위자의 격(格)과 동사 형태의 변화로 만들어지는 직접수동문(直接受身文)이지만, 어떤 사건을 객관적으로 묘사하는 성질을 갖고 있기 때문에 '중립수동문(中立受動文)'이라 불리기도 한다. 직접 수동문은 무생물이 주어가 되는 경우도 있다(非情의 受身). 공식적인 자리에서는 중립적인 수동문이 사용되는 경우가 많다.

❷ 간접수동문(間接受身文)

- 中国では、なにげなくパタパタと両手をすり合わせるように打ったら「きたないですね」と言われました。
- ニコニコしながら顔振りをされたときは、とてもひょうきんに見えますし、真顔でフリフリされたときはふざけられているような感じもしますし、しぐさの違いって感情に大きく訴えるものだなと思いました。

이는 수동문의 주체와 이에 영향을 주는 사건과의 관계가 매우 간접적인 '소유자 수동문(持ち主の受動文)' 또는 '제3자의 수동문(第三者の受動文 / 迷惑の受身)'에 해당된다. 소유자 수동문은 「財布を盗まれる」 「足を踏まれる」 등 자신의 소유물에 대한 동작 영향을 나타낸다. 제3자의 수동문의 경우 「(私は)雨に降られた」 「(私は)彼に先に荷物を置かれた」와 같이 주어인 「私」가 능동문(「雨が降った」 「彼が先に荷物を置いた」)의 격(格)성분이 아닌 수동문을 가리킨다.

❸ 특수한 수동문 (特殊な受身文)

- それを見ていたら、怒っている自分が妙にこっけいに感じられて、怒り損と言いますか、怒る気がなくなったことがありました。

자연히 그런 상태가 되었다고 하는 '자발(自発)'의 의미를 나타내는 용법이 이에 해당된다.

## 🔑 関連キーワード

祀る、供養、厄払い、冥福を祈る、五穀豊穣、無病息災、神輿、郷土、マイスター、
身振り手振り、ジェスチャー、合図、意思表示

## 💬 テーマで話そう

❶ 本文❶、❷で紹介されているようなあなたの国の珍しい行事やお祭りを紹介
してみましょう。

❷ 本文❸で紹介されているような職人気質を感じたことがあったら紹介して
みましょう。

❸ 本文❹で紹介されているような異文化間でのしぐさや行動様式の違いに
戸惑ったことがあったら紹介してみましょう。

❶　私の祭り体験

❷　外国人に紹介したい私の国の文化（珍しいお祭り・行事や職人芸など）

❸　しぐさと国民気質

# 文学と定義

読む前に

❶ あなたは文学が好きですか。嫌いですか。どうしてですか。

❷ 「文学」と聞いて思い浮かべるのはどんな作品ですか。

## 文学と定義

　「文学」は英語でliteratureという。語源としては、「文字、手紙」を意味するラテン語のlittera(リッテラ)があげられる。英語でもa man of lettersというと、「手紙の男」ではなく「文学者」を意味している。

　litteraに関連した英単語としては、literate(学問のある、読み書きの出来る)という形容詞や、コンピュータ・リタラシーという言葉でおなじみのliteracy(読み書き能力、学問のあること)という名詞がある。

　私は大学で「文学入門」と題する講義を担当しているが、先日受講生に「私と文学」という題でレポートを書いてもらい、ちょっとしたカルチャー・ショック(culture shock)を受けた。学生の書く文章の中に一番よく出てくるせりふは、「私は文学は苦手」というものであった。

　授業では、音楽、絵画と比較して文学の芸術性について語っている。すなわち、音やリズム、色や線などを工夫して人の心をとらえることができるように、言葉の選択や配置を工夫することでひとつの芸術が生まれる。

　学生の提出したレポートを読んでいると、「本は読まない」学生が圧倒的に多いようだ。忙しすぎて始終腕時計は見るけれども、たとえば五月の青空を見上げる余裕もない、というのが彼らの実情なら、文学に限らず他の芸術との接触もとだえがちになるだろう。

　忙しそうな学生に限って、「なにかよい本を紹介してほしい」と書くようだ。ところが、本とのつきあいを人間とのつきあいと同じように考えている私としては、他人に「良い本はこれこれだ」と紹介する理由をもたないし、その力もない。

　多くの人に愛される人物とじかに話し合う機会は、日常生活で簡単に得られる
ものではないが、多くの人に愛される、あるいは愛されてきた文学作品に接する
機会は自分の意思ひとつで自由に得られるだろう。

　キケローは「真の友はまれである」と述べた。「真の友人は第二の自己」という言
葉も残っている。友人関係を大切にはぐくむとは、自分の内面を磨く努力と別の
ことではありえない。

　同様に、私たちが文学作品とよい関係を結ぶには、文学が好んでとりあげる諸
々の主題に関して、それをまず自分の言葉で「定義」(define)する努力を日頃惜しん
ではならないのである。すなわち、人間とは？　愛とは？　国家、社会とは？　確か
にこれらの問題に対する洞察を欠いて「文学」に接するなら、「苦手意識」が増すだ
けであろう。

　すでに、英単語の語源との関連で、「定義とは縁取りである」という話をした
(definitionの中に、finis=縁、端という言葉が含まれる)。カメラで目の前の風景を
写すことは、ファインダーで風景の「縁取り」を決めることである。三次元の世界
を二次元の紙の上に表現することはしょせん不可能なことではある。しかしわれ
われはその無理を承知で写真を撮るし、一流といわれる写真家の作品に芸術性を
認めている。

　同様に、「人間とは何か」について言葉で定義を行うことは本来不可能なことで
あるが、この「不可能」という言葉の意味は「無限の可能性がある」という意味で解
釈すべきである。だからこそ、日々新たな文学作品——新しい「定義」の提案——
が生まれるのである。

　にもかかわらず、我が国の国語教育において、文学作品の扱う主題の「定義」の

可能性が「無限」ではなく「有限」であるかのように扱われているとしたら——次の四つから正しい答えを選べ式の出題を想起してほしい——、「文学は苦手」と感じる若者が増えるだけであろう。真っ白な紙に自由に絵を描く場合と、塗り絵で色まで指定されたケースを比較してほしい。絵画教育が、塗り絵の強要の連続であるとしたら、だれだって「絵を描くことはイヤ」になるに違いない。

　文学が「こう読まねばならない」性質のものでないのは、音楽や絵画と同様である。そして、すぐれた芸術作品は、単に人間の心を豊かにするだけでなく、鑑賞者に新しい芸術の創造にかりたてるといった性質をもっている。文学作品の場合は、それを読む者に深い感動を与えると同時に、人生の大切な問題を洞察し、それを自分の言葉で「縁取り」するように促すであろう。

　では、その大切な問題とは何か。言いかえれば、文学という芸術形式が、我々自身の「定義」を要求してやまない問題とは何か。私のつたない読書体験に照らして答えるならば、それは「汝自らを知れ」という古くて新しい問いであろうと思う。

**❶**　「本とのつきあい」とはどのようなものだと述べられていますか。

**❷**　「本とのつきあい」が「人間とのつきあい」と異なるのは、どんな点だと
述べられていますか。

**❸**　「定義とは縁取りである」とはどういうことですか。

**❹**　文学と芸術作品の類似性についての筆者の考えを要約してみましょう。

□ 語源（ごげん） 어원

□ コンピュータ・リタラシー
컴퓨터 활용 능력

□ おなじみ 잘 앎

□ カルチャー・ショック 문화충격

□ せりふ 대사

□ 心（こころ）をとらえる 마음을 사로잡다

□ 配置（はいち） 배치

□ 圧倒的（あっとうてき）に 압도적으로

□ 始終（しじゅう） 시종, 항상

□ 実情（じつじょう） 실정

□ とだえる 두절되다, 끊어지다

□ 〜がち 자주 〜함, 〜하기 쉬움

□ じかに 직접, 바로

□ まれ 드묾, 희귀함

□ はぐくむ 키우다, 기르다

□ 同様（どうよう）に 마찬가지로, 다름없이

□ とりあげる 채택하다, 문제 삼다

□ 諸々（もろもろ） 여러가지, 많은 것

□ 日頃（ひごろ） 평소

□ 惜（お）しむ 아까워하다, 아쉬워하다

□ 洞察（どうさつ） 통찰

□ 苦手意識（にがていしき） 울렁증

□ 縁（ふち） 가장자리, 테두리

□ 端（はし） 끄트머리, 가장자리

□ 縁取（ふちど）り 가장자리를 꾸밈

□ ファインダー 파인더

□ しょせん 어차피, 결국

□ 承知（しょうち） 알고 있음

□ 一流（いちりゅう） 일류

□ にもかかわらず 그럼에도 불구하고,
그런데도

□ 無限（むげん） 무한

□ 有限（ゆうげん） 유한

□ 想起（そうき）する 상기하다

□ 塗（ぬ）り絵（え） 윤곽만 그린 그림

□ 強要（きょうよう） 강요

□ 単（たん）に 단지, 그저

□ 鑑賞者（かんしょうしゃ） 감상자

□ かりたてる 몰아붙이다, 몰아넣다

□ 促（うなが）す 재촉하다

□ つたない 서투르다, 변변치 못하다

□ 照（て）らす 비추다

□ 汝（なんじ） 너, 그대

□ 〜てやまない 〜해 마지 않다,
진심으로 〜하다

□ 問（と）い 물음, 질문

## 〜という　　〜라고 하는

▶ 환언・인용・설명을 나타내는 여러가지 문형을 구성하는 성분으로 쓰인다.

❶ **〜という〜**　〜라고 하는
  ▶ 어떤 범주에 속하는 하위 범주들 중에서 특정한 대상에 한정하여 언급하는 표현.
  ・コンピュータ・リタラシーという言葉
  ・文学という芸術形式

❷ **〜といわれる**　〜라고 불리는
  ▶ 일반적인 평가를 덧붙인다.
  ・一流といわれる写真家
  ・世界の警察といわれる国

❸ **〜は〜で〜という**　〜는 〜에서 〜라고 한다
  **〜というと〜を意味する**　〜라고 하면 〜를 뜻한다
  ▶ 다른 언어, 사회, 지역에서 쓰이는 명칭이나 표현으로 환언한다.
  ・「文学」は英語でliteratureという。
  ・駐車場は、西日本で「モータープール」ともいう。
  ・英語でもa man of lettersというと、「手紙の男」ではなく「文学者」を意味している。
  ・最近の韓国語で「스펙」というと、就職戦線を勝ち抜くために有利な学業成績や資格などを意味する。

❹ **〜は〜というものである**　〜는 〜라고 하는 것이다 / **〜というのが**　〜라고 하는 것이
  ▶ 인용한 부분을 강조하여 나타낸다.
  ・学生の書く文章の中に一番よく出てくるせりふは、「私は文学は苦手」というものであった。
  ・思い切って彼にメールで告白したら、返ってきた返事は「もう少し作文の練習しろよ」というものだった。
  ・忙しすぎて始終腕時計は見るけれども、たとえば五月の青空を見上げる余裕もない、というのが彼らの実情なら、文学に限らず他の芸術との接触もとだえがちになるだろう。
  ・「習うよりも慣れろ」というのが、語学上達の秘訣だと言われる。

## 2

## 〜としては、〜があげられる / 〜としては、〜がある

〜로서는 〜를 들 수 있다 / 〜로서는 〜가 있다

▶ 예시의 표현.

- (literatureの)語源としては、「文字、手紙」を意味するラテン語のlittera(リッテラ)があげられる。
- litteraに関連した英単語としては、literate(学問のある、読み書きの出来る)という形容詞や、コンピュータ・リタラシーという言葉でおなじみのliteracy(読み書き能力、学問のあること)という名詞がある。
- 日本語と韓国語の共通点としては、語順がＳＯＶで、敬語が非常に発達していることがあげられる。
- 沖縄（おきなわ）の特産品としては、「泡盛（あわもり）」という焼酎（しょうちゅう）がある。




## 〜と題する / 〜という題で　　〜라고 하는 제목의 / 〜라고 하는 제목으로

▶ 제목을 나타낸다.

- 私は大学で「文学入門」と題する講義を担当しているが、先日受講生に「私と文学」という題でレポートを書いてもらい、ちょっとしたカルチャー・ショック(culture shock)を受けた。
- 明日午後２時から講堂で「東アジアの経済統合」と題してシンポジウムを開催いたします。
- 日本語スピーチコンテストで「私の国の日本料理」という題でスピーチをすることにした。

**4**

## ～に限らず　～뿐만 아니라

▶ 어떤 일이 어떤 특정한 대상에 한해서 말할 수 있는 것이 아니라, 다른 것들에도 해당될 것이다 라고 말할 때에 쓰인다.

・忙しすぎて始終腕時計は見るけれども、たとえば五月の青空を見上げる余裕もない、というのが彼らの実情なら、文学に限らず他の芸術との接触もとだえがちになるだろう。
・このダイエット食品は体質改善の効果もあるということで、若い女性に限らず、男性やお年寄りにも人気がある。
・燃料電池は、電気自動車の電源に限らず、病院・ホテル・オフィスビルや工場・住宅の電源としても実用化されつつある。

**5**

## ～に限って　～에 (한해서)만 꼭 / ～은 다른 것들과는 달리

▶ 우연한 일이겠지만, 어떤 특징적인 사람, 물건, 경우에는 꼭 어떤 특정한 일이 발생한다고 말할 때에 쓰임. 또한 어떤 특정한 사람, 물건, 때가 다른 것들과는 다르다고 강조해서 말할 때에 쓰이기도 한다.

・忙しそうな学生に限って、「なにかよい本を紹介してほしい」と書くようだ。
・急いでいる時に限って、なかなかタクシーがつかまらない。
・佐藤先生はいつも授業が始まる前に教室に来ているのに、今日に限って授業時間が10分過ぎても現れない。

 **6**

## 〜とは〜である / 〜ことは〜である 〜란 〜이다 / 〜하는 것은 〜이다

▶ 정의, 설명, 평가의 표현.

・友人関係を大切にはぐくむとは、自分の内面を磨く努力と別のことではありえない。
・カメラで目の前の風景を写すことは、ファインダーで風景の「縁取り」を決めることである。
・日本語で「ニート」とは、就労も求職活動もしていない15〜34歳の人々のことである。
・大学院に進学することは、専攻する分野の専門家として自分を磨くことである。

 **7**

## 〜のは、〜と同様である 〜하는 것은 〜과 마찬가지다

▶ 공통점을 나타낸다.

・文学が「こう読まねばならない」性質のものでないのは、音楽や絵画と同様である。
・女性の社会進出に伴い晩婚化が進んでいるのは日本と同様であるが、韓国のほうが少子化の進み方が速いと言われている。
・同じお茶でもいれ方によっておいしくなったり、まずくなったりするのは、同じ食材を使っても料理人の腕によって味が違ってくるのと同様である。

## 🔑 関連キーワード

物語、悲劇（ひげき）、喜劇（きげき）、オンライン小説、ケータイ小説、スマホ小説、文芸批評、
活字離れ（かつじばなれ）、哲学、プラトン対話篇、ソクラテス

## 💬 テーマで話そう

❶ 「文学離れ」が進む原因・背景は何だと思いますか。

❷ 大学に文学の専攻学科は必要だと思いますか。

❸ 「文学」や「芸術」とは何であると、または何の役に立つと思いますか。

❶　心に残る文学作品の一言、または一場面


❷　「○○」を定義する
　　ex）「愛」「幸福」「民族」「男性と女性」「家族」「友情」「働くこと」「旅」


❸　文学・芸術と学校教育

# 08

# 食料問題

❶ 普段、食材の産地を気にする方ですか。特にどんな点に
気をつけていますか。

❷ あなたの国では、食料自給に関してどのような政策を
とっていますか。

# 日本の食料自給率の推移

　日本の食料自給率の推移、及びカロリーベースの食料自給率推移を各国比較した図を掲げた。データは農林水産省の公表数字による。

## 日本の食料自給率の推移

　食料自給率は国内消費に対する国内生産の割合を示したものであり、消費より生産が多く輸出超過の場合は１００％を超えることもある。よく使われるのはカロリーベースの食料自給率であり、基礎的な栄養要素であるカロリーに着目して算出を行っている。畜産物は国内生産量に飼料自給率を掛け合わせて算出しており国内生産の肉であっても１００％ではない。

　１９６０年度に７９％であったカロリーベースの食料自給率は、年々低下を続け、９８年度４０％に達した後、横ばいで推移していたが、０６年度についに４０％台を割り込んで３９％となったのでマスコミも注目した。０７〜０８年度は小麦などの価格高騰の影響によるコメの消費量増などで４０％、４１％と２年連続で上昇した。しかし、０９年度は穀物価格の低落でパンなどコムギ製品が再度安値となった影響で４０％へと低下した。

　この他、食料、貿易品目としての重要性から旧来は主たる指標であった穀物自給率、品目別自給率としてコメの自給率、及び畜産物の付加価値や野菜など食料の単価の違いを評価した金額ベースの食料自給率を参考として掲げた。

　トウモロコシなど大半が輸入の飼料穀物が大きな部分を占めるため穀物自給率はカロリーベースの自給率よりずっと低い。

　我が国の主食の地位を維持している(していた)コメの自給率は、凶作時の緊急輸入が行われた1993年には75％に急落したが、この年を除いて長く100％あるいはそれ以上を維持していた。ところが、WTOの前身ガットのウルグアイラウンド<sup>注1)</sup>合意によってミニマムアクセス(MA、最低限の輸入枠)を認めることとなったので1997年から100％を下回るようになった。ただし、MA米<sup>注2)</sup>は生産者への影響を考慮し、加工用や海外援助などへの活用が主となっており、主食用のコメだけとると自給率100％を維持している。

　金額ベースの食料自給率は、野菜など重量単価の高い農産物の自給率が高いため、カロリーベースよりずっと高い70％前後となっている。少し前の世界的な穀物や輸入農産物の価格高騰により一時期低下傾向となったが、輸入農産物の価格がその後低落し2009年度には金額自給率は上昇した。

図1　日本の食料自給率の推移

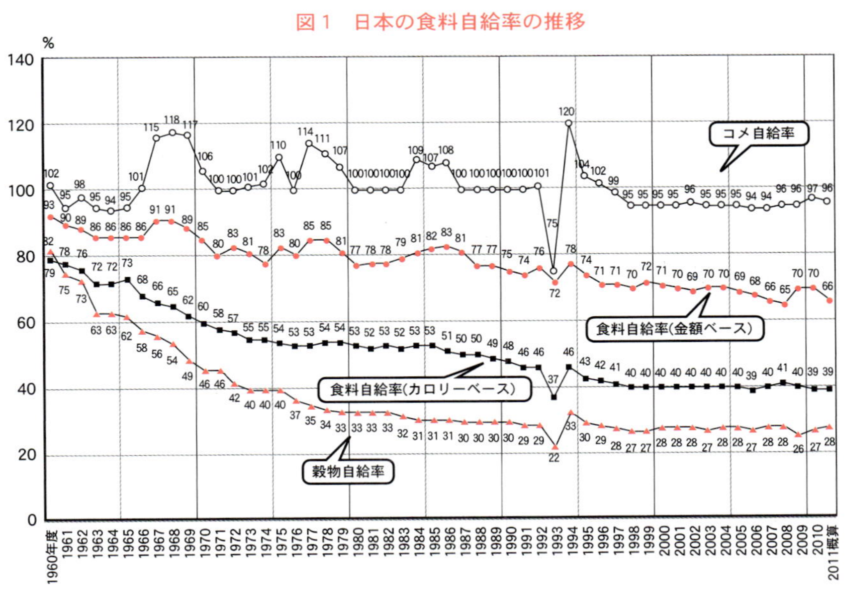

**各国の食料自給率の推移**

　諸外国のカロリーベースの食料自給率をＦＡＯ<sup>注3)</sup>のデータを使って農林水産省が試算している。これを見ると、米国、フランスといった農業大国で１００％を大きく超え、輸出超過となっている。ドイツ、英国、スイスといった従来自給率が１００％をかなり下回り、日本よりも低かった西欧諸国では食料自給率を２０世紀末にかけて向上させていたが最近は再度低下傾向にある。これに対して、日本や韓国は食料自給率が一貫して低下傾向にあり、５０％に満たない先進国中最低レベルにある点で際立った対比を示している。韓国は日本より２０％ポイント高い自給率で推移していたが、１９９０年代に１０％ポイントの差、２０００年代は１０％ポイント以下の差とだんだんと差は縮小している(２００７年４４％)。

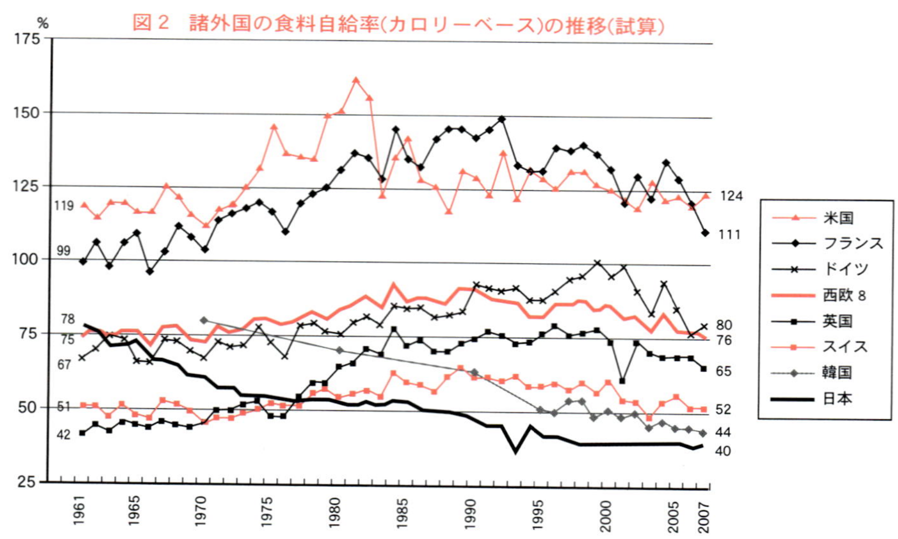



（注）農林水産省「食料需給表」、FAO "Food Balance Sheets" 等を基に農林水産省で試算。韓国については、韓国農村部「２００９年度農漁業漁村及び食品産業に関する年次報告書」等による。供給熱量総合食料自給率は、総供給熱量に占める国産供給熱量の割合である。なお、畜産物については、飼料自給率を考慮している。また、アルコール類は含まない。ドイツについては、統合前の東西ドイツを合わせた形で遡及している。西欧８はフランス、ドイツ、イタリア、オランダ、スペイン、スウェーデン、スイス、英国の単純平均。

（資料）農林水産省「食料自給率の部屋」(http://www.maff.go.jp/i/zyukyu/fbs/index.html)

## まとめ

　1961年に制定され長らく日本の農政の基本をなしていた農業基本法に代わっ
て、1999年に新たに制定された食料・農業・農村基本法は消費者重視の旗印
を掲げるとともに新たに食料自給率目標を基本計画で定めることとした。このと
き策定された基本計画ではカロリーベース5割以上の食料自給率を目指し、当
面、2010年度には45％を達成するものとした。5年ごとの改訂ということで
2004年3月に見直された前基本計画でも、同様の考え方で2015年度に45％
を目標としている。2010年3月閣議決定の現食料・農業・農村基本計画では、
それまで「15年度までに45％」としていた自給率目標を「20年度までに50％」
に引き上げた。

　どの程度この目標に向け実際の政策手段が取られているかについては、WT
O、FTAとの調整のなかで、どの程度の予算をどの分野に注ぎ込めば目標の達成
の可能性が高いという計算がされていないので、かなり心許ない状況であると言
わざるを得ない。

　　　　　　　『社会実情データ図録』 http://www2.ttcn.ne.jp/honkawa/0310.html
　　　　　　　　　　　　　　　　　　　　　　　　（2010年8月11日更新）

注1）　ウルグアイラウンド：1986〜93年に行われたGATTの多角的貿易交渉。WTOの創
　　　設、サービス、知的財産権分野におけるルールの導入などが合意された。
注2）　MA米(minimum access 米)：日本が高関税を課して輸入を制限する代わりに、最低限輸
　　　入しなければならない量の外国米。政府米として扱われる。
注3）　FAO(Food and Agriculture Organization of the United Nations)：国連食糧農業機関。
　　　世界の食糧生産と配分の改善と栄養生活水準の向上を目的とする国際連合の専門機関の
　　　一つである。

❶ 食料自給率の算出法にはどのようなものがありますか。本文で紹介されている内容をまとめてみましょう。

❷ 日本の米の自給率の変化とその背景についてどのように述べられていますか。

❸ ドイツ、英国、スイス、韓国の食料自給率はどのような変化を見せていますか。

❹ 穀物自給率がカロリーベースの食料自給率よりずっと低いのはどうしてですか。

❺ 金額ベースの食料自給率がカロリーベースのそれよりずっと高いのはどうしてですか。

❻ 輸入されたコメは主にどんなことに活用されていますか。

推移 추이
すい い

カロリーベース 공급 열량 기준

掲げる 싣다, 게재하다
かか

農林水産省 농림수산성
のうりんすいさんしょう

割合 비율
わりあい

超過 초과
ちょう か

栄養要素 영양 요소
えいようよう そ

着目する 주목하다, 착안하다
ちゃくもく

算出 산출
さんしゅつ

畜産物 축산물
ちくさんぶつ

飼料 사료
し りょう

掛け合わせる 곱하다
か あ

横ばい 변함이 없음, 보합
よこ

割り込む 끼어들다
わ こ

小麦 밀
こ むぎ

価格高騰 가격 폭등
か かくこうとう

穀物 곡물
こくもつ

低落 하락
ていらく

再度 재차
さい ど

安値 헐값, 염가
やす ね

貿易品目 무역 품목
ぼうえきひんもく

旧来 종래
きゅうらい

主たる 주된, 주요한
しゅ

指標 지표
し ひょう

付加価値 부가가치
ふ か か ち

単価 단가
たん か

トウモロコシ 옥수수

大半 대부분
たいはん

飼料穀物 사료 곡물
し りょうこくもつ

急落する 급락하다
きゅうらく

下回る 밑돌다
したまわ

金額ベース 가격 기준
きんがく

低落する 하락하다
ていらく

諸外国 여러 다른 나라
しょがいこく

試算する 시산하다
し さん

西欧諸国 서양 여러 나라
せいおうしょこく

一貫 일관
いっかん

際立つ 두드러지게 눈에 띄다
きわ だ

農政 농업 정책
のうせい

農業基本法 농업기초법
のうぎょう き ほんほう

旗印 기치, 목표
はたじるし

掲げる 내걸다
かか

定める 정하다
さだ

策定する 책정하다
さくてい

閣議決定 각의 결정
かく ぎ けってい

引き上げる 끌어올리다
ひ あ

調整 조정
ちょうせい

注ぎ込む 쏟아넣다
っ こ

心許ない 불안하다
こころもと

## ～に対する～の割合　～에 대한 ～의 비율

▶ 비율을 나타내는 표현.

- 食料自給率は国内消費に対する国内生産の割合を示したものであり、消費より生産が多く輸出超過の場合は１００％を超えることもある。
- 一般会計における歳出及び歳入に対する租税収入の割合を比較したものである。
- 収入に対する家賃の割合は、３０％ぐらいが理想とされている。

## 横ばいで推移　보합 상태로 추이됨

▶ 현저한 변동이 없는 상태가 계속되는 것을 나타낸다.

- ここ数年日本酒の需要は急激な高まりを見せてきたが、今後は微増か横ばいで推移するのではと、当地の業界関係者はみている。
- ２８日のユーロ圏金融・債券市場では、スペイン国債利回りがほぼ横ばいとなった。
- １３年卒の就活は若干改善の兆しが見られるものの、内定率は横ばいが見込まれている。

## ～傾向となる / ～傾向にある　～경향이 되다 / ～경향에 있다

▶ 추세를 나타내는 표현.

- 少し前の世界的な穀物や輸入農産物の価格高騰により一時期低下傾向となったが、輸入農産物の価格がその後低落し２００９年度には金額自給率は上昇した。
- 詐欺・横領・背任・偽造・汚職等の認知件数は、平成１７年まで増加傾向にあったが、同年をピークに減少傾向となっている。
- 若い人ほど簡単なパスワードを使う傾向にあることが、７０００万件のパスワード調査から明らかになった。

## 際立った対比(対照)を示す 뚜렷한 대비(대조)를 나타내다

▶ 차이를 강조하는 표현.

- これに対して、日本や韓国は食料自給率が一貫して低下傾向にあり、50％に満たない先進国中最低レベルにある点で際立った対比を示している。
- 伊予国は文の国で、武の国である隣の土佐国と際立った対照を示している。
- スクリャービンのピアノ・ソナタ第3番は特に第2ソナタと第3ソナタが際立った対比を示しているところが注目される。

## 〜に代わって 〜을 대신해서

▶ 대용, 대체의 표현.

- 食料・農業・農村基本法は、1961年に制定され長らく日本の農政の基本をなしていた農業基本法に代わって、1999年に新たに制定された制度である。
- 国が会社に代わって未払い分を立て替えることとなった。
- 空港に受験生を応援する絵馬が設置された。絵馬は空港の職員らが受験生に代わって、天満宮に奉納する予定だ。

## 〜とともに 〜와 함께, 〜와 동시에

▶ 동시에 일어남을 나타낸다.

- 新制度では消費者重視の旗印を掲げるとともに新たに食料自給率目標を基本計画で定めることとした。
- 校長がセンバツ出場を報告した瞬間、部員たちは「おめでとう！」という掛け声とともに、「おめでとう甲子園」と書かれた垂れ幕を掲げた。
- 不正受給を見抜くべき担当職員が受給者とともに現金をだまし取る事件が発覚した。

## 🔑 関連キーワード

食糧安全保障、旱魃、飢餓、バイオエタノール、遺伝子組み換え、旬、グルメ

## 💬 テーマで話そう

❶ 国産農産物の安全性に関する見解を述べてみましょう。

❷ 図１のグラフを見ると、韓国の食料自給率は１９７０年代から急激に低下してきましたが、それはなぜでしょうか。

❸ 食料自給率の維持が大切だと思いますか。どうしてですか。

❹ 韓国経済は日本と同様、工業製品の輸出に大きく依存しており、諸外国との間で貿易不均衡が生じないようにするために、食料の輸入を余儀なくされている面がありますが、このような状況は問題だと思いますか。
問題だとしたらどのように解決すべきでしょうか。

❶ 食料自給率向上への取り組み

❷ グローバル時代と輸入農産物

❸ 食料政策と産業構造

# 環境問題

- - - - - - - - - - - - - - - - - - - - - - - - - - - -

❶ 環境問題を「身近で深刻な問題だ」と意識するのはどんな
時ですか。

❷ 私たちの身の回りに環境問題として具体的にどのような
問題がありますか。1つずつ挙げてみましょう。

❸ クラスで挙げられた様々な環境問題を重要度の高いもの
(より深刻なもの)から順に並べてみましょう。

## 1. 地球温暖化騒ぎから学ぶこと

アラスカ大学国際北極圏研究センター所長・国基研[注1)]客員研究員　赤祖父俊一

平成22年3月1日

　残念ながら、地球温暖化問題は「気候学」という地味な純学問が特殊な政治目的に利用され、悪用され、翻弄された良い例として科学史上に残るであろう。気候学者ばかりでなく、他の分野の科学者も多く参加したので、問題は科学全体に及ぶ。こんな騒ぎを起こした科学と科学者は、一般市民の信用を失う可能性さえある。

### ・記録を操作したIPCC[注2)]

　地球温暖化問題が騒ぎになったのは、「気候変動に関する政府間パネル」（IPCC)の暴走と、報道機関、政治家、官僚、利益団体がそれに乗ったことによる。IPCCは過去1000年の地球気温変動の記録に手を加え、あたかも人類活動により放出された二酸化炭素($CO_2$)が温暖化を生じさせたかのように操作し、それを続けると人類破滅につながる大災害、大異変が起きると予言してきた。IPCCは、これは2500名の世界的専門家の一致した予測であるとした。（実際は、大部分の学者はIPCCに奉仕させられただけであった。）

　IPCCは、地球温暖化の$CO_2$元凶論に疑問を持つ科学者を、あたかも宗教のごとく「懐疑論者」「否定論者」と呼び、斥けてきた。学問の真髄は討論にある。したがって、この態度はIPCCの気候学が学問から逸脱していることを示す。現在の気候学はそんな予測を正確にできるほど発達していない。地球の気候は人間活動と無関係に常に変動している。しかし、IPCCは$CO_2$の影響を強調したいため、気候の自然変動を無視した。

・学問を政治から切り離せ

　たまたま、ＩＰＣＣ総本山の科学者とＣＯ₂元凶論を推進してきた科学者間のＥメールが暴露され、科学者として絶対にあってはならないはずの記録操作という彼らの行動が明らかになってしまった。しかも、ＩＰＣＣの報告書の不正確さや、報告書が全員一致でなかった証拠も欧米では毎日のように報じられた。しかし、日本の一般市民はこの事件についてほとんど知らされないでいる。地球温暖化をこれほど大問題にした報道機関は、顛末を正しく知らせる責任があるのではないか。

　ついでではあるが、各国の首脳を交えた国際会議は、「地球を救う会議」どころか、後進国が温暖化を理由にして先進国から資金をせしめようとする会議に成り下がった。気候学がこんなことにも悪用されている。私は数年前から拙著その他で、気候学を政治から切り離し、純学問に戻すべきであると主張してきた。それなしには、この学問の健全な進歩はあり得ない。

http://jinf.jp/weekly/archives/2621

## 2. 昨年の気温、２１世紀で最低。地球の気候当面「寒冷化」自然変動が温暖化抑制

　地球の平均気温の上昇が頭打ちとなり、専門家の間で気候は当分寒冷化に向かうとの見方が強まってきた。地球温暖化の主因とされるＣＯ₂の排出は増え続けているものの、自然の変動がその影響を打ち消す方向に働き始めたとみられている。気温の推移は、温暖化対策の論議の行方にも影響を与えそうだ。

　平均気温は１９７０年代半ば以降ほぼ一貫して上昇。しかし、９８年をピークにこの１０年間は横ばいないし低下し、２００８年の気温は２１世紀に入り最も低かった。

この結果、気象変動に関する政府間パネル（ＩＰＣＣ）が予測する気温の上昇カーブとの隔たりが拡大。ＩＰＣＣは気温が２０００〜２５年に１０年あたり約０.２度のペースで上昇するとしているが、実際は最近１０年で約０.２度下がった。

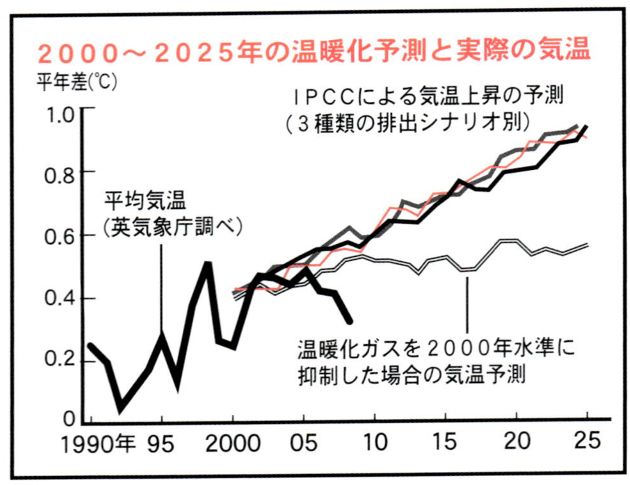



地球の平均気温（ＩＰＣＣの予測と英気象庁調べ）

　気温低下の原因として専門家が有力視しているのが、海の自然変動の影響。太平洋では数十年ごとに水温が上下する太平洋１０年規模振動（ＰＤＯ）という現象が知られる。ＰＤＯの高温・低温期は、平均気温の上昇・下降期とほぼ連動。２０００年前後にＰＤＯが高温期から低温期に切り替わったと見られている。

　前回のＰＤＯの低温期は７０年代半ばまで約３０年続いた。今回も同じ規模で低温期が続くと、２０３０年ごろまで平均気温が上がらない可能性がある。ＩＰＣＣの長期見通しが正しければ、その後は再び上昇することになる。

　ＩＰＣＣに参加する研究者は、近未来の気温を正確に予測するため、自然変動の発生時期を考慮した計算機シミュレーションに乗り出している。

　寒冷化との関係で太陽活動の「異変」も注目されている。米航空宇宙局（ＮＡＳＡ）は昨年９月、「太陽活動が約５０年ぶりの静かさ」と発表。その後も太陽活動は静かな状態が続いている。太陽の日射量の変化のほか、太陽磁気の変動が地球気候に与える影響への関心が高まっている。

　ＩＰＣＣは２００７年の報告書で、今世紀末までに最大6.4度の気温上昇を予測している。

『日本経済新聞』（２００９年２月２日）

注1)　国基研(国家基本問題研究所)：２００７年１２月１８日設立。「日本の伝統を尊重しつつ国際的視野をもって日本の在り方を求め、日本を再生する」ことを目的とし、純民間の研究所として独自の活動を行う。国家が抱える基本問題について専門家との意見交換や、政策提言をおこなっている。

注2)　ＩＰＣＣ(Intergovernmental Panel on Climate Change)：国際的な専門家でつくる、地球温暖化についての科学的な研究の収集、整理のための政府間機構。

① 地球温暖化問題は科学史上どのように記憶されると述べられていますか。

② 地球温暖化騒ぎに関して責任があるのは、どんな組織や人々だと述べられ
ていますか。

③ IPCCという組織が犯した誤ちについての筆者の考えをまとめてみましょう。

地球温暖化 （ち きゅうおんだん か） 지구 온난화

騒ぎ （さわ） 소동, 분쟁

気候学 （き こうがく） 기후학

地味な （じ み） 수수한, 검소한

純学問 （じゅんがくもん） 순수학문

翻弄する （ほんろう） 농락하다

暴走 （ぼうそう） 폭주, 마구 밀어붙임

報道機関 （ほうどう き かん） 보도기관

官僚 （かんりょう） 관료

手を加える （て くわ） 손질하다, 가공하다

あたかも 마치, 흡사

二酸化炭素 （に さん か たん そ） 이산화탄소

操作する （そう さ） 조작하다

生じる （しょう） 발생하다, 생기다

破滅 （は めつ） 파멸

予言する （よ げん） 예언하다

大災害 （だいさいがい） 대재해

奉仕する （ほう し） 봉사하다

元凶論 （げんきょうろん） 원흉론

懐疑論者 （かい ぎ ろんじゃ） 회의론자

否定論者 （ひ ていろんじゃ） 부정론자

斥ける （しりぞ） 물리치다, 멀리하다

真髄 （しんずい） 진수

逸脱する （いつだつ） 일탈하다

切り離す （き はな） 떼어놓다, 분리하다

たまたま 우연히, 마침

推進する （すいしん） 추진하다

暴露する （ばく ろ） 폭로하다

報じる （ほう） 보도하다

顛末 （てんまつ） 전말

ついで 뒤이어, 계속하여

首脳 （しゅのう） 수뇌

せしめる 가로채다, 착복하다

成り下がる （な さ） 전락하다

拙著 （せっちょ） 졸저, 졸작

あり得ない （え） 있을 수 없다

寒冷化 （かんれい か） 한랭화

抑制 （よくせい） 억제

平年差 （へいねん さ） 평년차

頭打ち （あたまう） 시세가 더 오를 가망이 없는 상태

見方 （み かた） 견해, 관점

主因 （しゅいん） 주요 원인

排出 （はいしゅつ） 배출

打ち消す （う け） 없애다, 지우다

行方 （ゆく え） 행방

隔たり （へだ） 간격, 거리

切り替わる （き か） 바뀌다

見通し （み とお） 전망, 조망

乗り出す （の だ） 적극적으로 나서다, 착수하다

日射量 （にっしゃりょう） 일사량

太陽磁気 （たいよう じ き） 태양자기

## 1 ～ながら　～이지만, ～인데도

▶ 문장 내용에 대한 화자(필자)의 심정이나 문맥상의 위치를 문두에서 미리 말해두는 표현에서 쓰인다.

- 残念**ながら**、地球温暖化問題は「気候学」という地味な純学問が特殊な政治目的に利用され、悪用され、翻弄された良い例として科学史上に残るであろう。
- 週末に箱根（はこね）へ温泉旅行に行ってきたが、いまさら**ながら**富士山（ふじさん）の美しさに感動した。
- 北国で育って、水泳をする機会がほとんどなかったため、恥ずかし**ながら**私はカナヅチなんです。

## 2 ～ばかりでなく　～뿐만 아니라

▶ 사항을 추가하거나 해당 범위를 확대함으로써 결론을 강조하는 표현.

- 気候学者**ばかりでなく**、他の分野の科学者も多く参加したので、問題は科学全体に及ぶ。
- 村上春樹（むらかみはるき）の作品は日本人**ばかりでなく**、翻訳を通じて世界各国の人々に読まれている。
- メッシは、ドリブルでボールを運ぶスピードが速い**ばかりでなく**、パスやシュートが極めて正確だ。

## 3 ～さえある　～조차 있다, ～마저 있다

▶ 극단적인 사례나 평가 또는 가능성에 언급함으로써 사태를 강조한다.

- こんな騒ぎを起こした科学と科学者は、一般市民の信用を失う可能性**さえある**。
- 私は朝に弱くて、お昼まで寝過ごしてしまうこと**さえある**。
- ＦＣバルセロナのサッカーのスタイルは、パスワークが見事で芸術的で**さえある**。

## ～のは、～(こと)による　～한 것은 ～기 때문이다

▶ 사건의 원인을 강조하여 말한다.

- 地球温暖化問題が騒ぎになった**のは**、「気候変動に関する政府間パネル」（ＩＰＣＣ）の暴走と、報道機関、政治家、官僚、利益団体がそれに乗った**ことによる**。
- １９９３年に日本が米の緊急輸入に踏み切った**のは**、夏の長雨と低い気温のため米の収穫量が大幅に落ち込んだ**ことによる**。
- 社会党が政権をとることができた**のは**、国民が前政権党に失望した**ことによる**。

## あたかも～のように / あたかも～のごとく　마치 ～처럼

▶ 비유의 표현.

- ＩＰＣＣは過去１０００年の地球気温変動の記録に手を加え、**あたかも**人類活動により放出された二酸化炭素（$CO_2$）が温暖化を生じさせたか**のように**操作し、それを続けると人類破滅につながる大災害、大異変が起きると予言してきた。
- ＩＰＣＣは、地球温暖化の$CO_2$元凶論に疑問を持つ科学者を、**あたかも宗教のごとく**「懐疑論者」「否定論者」と呼び、斥けてきた。
- 彼は、人から聞いた事故の話を**あたかも**自分が現場に居合わせたか**のように**話した。
- 派遣労働者雇用の実態は、かつて労働者が人間としてではなく、**あたかも商品のごとく**扱われていた時代を想起させる。

## ～として(絶対に)～てはならない(はずの)



▶ 직업이나 인간관계상의 입장에 관한 일반적인 윤리적 규범에서 봐서 해서는 안 되는 행위를 강조하여 말한다.

・たまたま、ＩＰＣＣの総本山の科学者とCO₂元凶論を推進してきた科学者間のEメールが暴露され、科学者**として絶対に**あっ**てはならない**はずの記録操作という彼らの行動が明らかになってしまった。

・医療行為によって知り得た患者の個人情報を外部に漏らすなどということは、医師**として絶対に**あっ**てはならない**行為である。

・近年、体罰などの暴力的手段は、教育に携わる者**としてしてはならない**行為とされている。

## ～どころか　　① 전혀 ～가 아니라 반대로　② ～하는 것에 머물지 않고

▶ ①, ② 모두 강조 표현으로 ②의 용법은 「～ばかりか」「～だけではなく」와 비슷한 의미가 된다.

・ついでではあるが、各国の首脳を交えた国際会議は、「地球を救う会議」**どころか**、後進国が温暖化を理由にして先進国から資金をせしめようとする会議に成り下がった。(①)

・この選手は、当初目標としていたアジア大会で優勝する**どころか**、オリンピックで金メダルを取るまでに成長した。(②)

・天気予報によると今日はきれいに晴れるということだったが、晴れる**どころか**、朝から曇りで、午後には雪まで降ってきた。(①)

・この戦争では、多くの兵士が戦死した**ばかりか**、女子供を含む一般市民も犠牲になった。(②)

## 🔑 関連キーワード



エコ(ロジー)、3R(リデュース、リユース、リサイクル)、ヒートアイランド現象、
熱帯雨林、温室効果ガス、地球の温暖期と寒冷期

## テーマで話そう

❶ 本文1の主張を理解した上で、あなたは地球温暖化の問題についてどのように考えますか。

❷ 本文1の主張が事実だとしたら、IPCCはなぜ地球温暖化を世界的な環境問題にしなければならなかったのでしょうか。

❸ 地球温暖化の原因には、どのようなものがあると思いますか。

1. 地球環境問題と政治経済

2. 学問のあるべき姿

3. ジャーナリズムの社会的役割

# 10

# スローライフ

❶ ファストフード店をよく利用する方ですか。
どんなメニューが好きですか。

❷ あなたは朝食、昼食、夕食にどのぐらいの時間をかけて
いますか。楽しんで食事をとっていますか。

❸ 映画「ローマの休日」を見ましたか。映画に関するエピ
ソードがあったら話してみましょう。また、「ローマ」
「イタリア」のイメージについて話してみましょう。

## ローマのマクドナルド

　全ては北イタリアのブラという町で始まった。そのことがなければ、近隣の人たち以外だれにも知られることはなかったであろう、何の変哲もない小さな町である。

　いや、そんな地味な町のことからこの話を始めるより、もっと派手な舞台を起点にしたほうがよいかもしれない。

　そうすることもできる話なのだから。

　永遠の都、ローマ。

　その"へそ"に当たるのがスペイン広場。

　名作「ローマの休日」でオードリー・ヘップバーン扮する王女が、解放感溢れる表情で石段を下りてくる、あの広場である。

　一九八〇年代半ばにファストフードのマクドナルドがイタリア進出を決めた時、その一号店をこの観光名所に開こうとしたのは当然の選択だった。

　だが、イタリアは「食」の国である。

　一号店に人が群がった他の「食」の後進国とは対照的に、猛然たる反対運動が起きた。

　結果としてはこの運動は開店(一九八六年)を阻止できなかった。

　イタリアに家族旅行をした時、ローマで息子が一時、行方を晦ましたことがある。残る家族で街を歩いていたら、この一号店でデート中の息子を発見した。イタリア人がアメリカ発のファストフードを嫌悪しようとも、世界中からお上りさんがやって来る都だから、店は賑わっていた。

　マクドナルドをめぐるこの騒動は、イタリア全土でかなりの話題になっていたらしい。北イタリアの知識人たちの酒の入った席で、それを話題にしているうちに、ほとんど偶然に、ひとつのアイディアが浮かび上がったという。

　われわれは自動車ではない。車にガソリンを供給するように、食が供されるようになったら、食を楽しむことも、食の文化も失われてしまう。開店が阻止できないのだとしたら、それに対抗する職のあり方を主張していくしかない。ファストフードの反対語は何だろう・・・・・・。

　「スローフード」という語はこうした議論のなかから生まれた。

　おれたちはゆっくりメシを食う(イタリアだからパスタだが)、それを楽しむ、という語感だが、実際にイタリアでこの言葉を聞いたり見たりすると、やや"浮いている"感じがある。母音が多く、綴りが長いイタリア語のなかで、これが英語だからだ。その違和感がメッセージとして効果的でもある。

　とにかく、そういう運動を始めてみようということになり、言い出しっぺの人の郷里に協会の本部を置くことになった。

　そこがブラである。

　後に私はこの町に取材に出かけることになるが、個人的な興味はこの町の「時計」だった。「私たちはゆっくり生き、ゆっくり食事をする。広場の教会の時計台の針は止まっているかもしれない。正確に時間を刻んでいないかもしれない。それでもよかったら、どうぞ私たちの町にいらして下さい」というのが、この町のキャッチフレーズだと聞いていたからである。時計は止まっていなかった。が、イタリアでは当然だが、この町には教会がいくつもあり、時間になると思い思いに鐘が鳴った。つまり「定時」が少しずつちがうのだった―。

そこからあまり遠くない所にある都市はジェノバである。新大陸を「発見」したコロンブスを生んだ港町、アメリカ産文化であるジーンズはこの町の名に由来するという説もある、アメリカとまんざら縁がないわけではない都市なのだが、二〇〇一年、そのアメリカが主導するグローバリズムへの激烈な反対行動の舞台となった。

そこでサミット(先進国首脳会議)が開かれたからである。

この種の国際会議には反グローバリズムのさまざまな組織や人が押しかけ、騒乱状態に陥ることが続いていたが、ジェノバではついにデモから死者が出た。

サミットはグローバリズム推進の司令塔、"総本山"と目されたからだが、たしかに経済先進国のオエライさんが勢揃いして見かけは派手なものの、そんなに実質があるわけではない。私は第一回のランブイエ・サミット<sup>注1)</sup>(一九七五年)の取材を三木武夫首相の同行記者団のひとりとしてやって以来、断続的に何回か取材をしてきたが、年々、内容は空疎になる一方で、はっきり言えば個人的には好きでない。だが、ジェノバ・サミットは、突然変異のように誕生した小泉純一郎首相の国際舞台初登場という事情があって取材せざるをえなかった。

幾重にも厳重警戒が施され、うんざりするほど検問が繰り返されて出入りは不自由極まりない取材だった。首脳たちと取材陣は金網のなかに隔離されていて、

一般人より特権的と映るが、何のことはない、これは囚人と同じ境遇ではないか
と思った。

　この境遇を強いられる主因はグローバリズムとそれへの激しい異議申し立ての
波なのだが、デモに姿を現さない形の異議もあるだろう。

　ファストフードはグローバリズムの「食」における表現である。

　世界中のどこでも、同じ規格の、同じ調理法、同じ味をした食物や飲物が、し
かも迅速に供される―。

　スローフードは明らかにこの「食のグローバル化」への異議申し立てであり、別
の選択肢の提示である。

〈スローフード協会長、カルロ・ペトリーニが語った「スローフード」の四つの要件(定義)〉
1．その土地の産物であること
2．素材の質の良さが保たれていること
3．その土地の風習に合った生産法で作られていること
4．その土地に活気を与え、郷土の社会性を高める食品であること

筑紫哲也『スローライフ―緩急自在のすすめ』（２００６年　岩波新書）

注1）　ランブイエ・サミット(Rambouillet Sumit)：１９７５年１１月１５日から１７日までフラン
　　　スのイヴリーヌ県ランブイエで開催された先進国首脳会議。

❶ 「スローフード」という言葉が生まれた経緯（けいい）をまとめてみましょう。

❷ 「ジェノバ」にまつわる話としてどのようなものが紹介されていますか。

❸ なぜ反対運動が起きたイタリアでマクドナルド１号店は繁盛（はんじょう）したのでしょうか。

❹ グローバリズムという現代世界の傾向と関連づけて、「ファストフード」と「スローフード」を対照して簡潔に説明してみましょう。

□ 近隣（きんりん） 근린, 이웃

□ 変哲もない（へんてつ） 별다른 것이 없다

□ 都（みやこ） 수도

□ へそ 배꼽, 중심

□ 扮する（ふん） 분하다, 분장하다

□ 溢れる（あふ） 가득 차서 넘치다

□ 群がる（むら） 떼 지어 모이다

□ 猛然（もうぜん） 기가 세찬 모양

□ 阻止（そし） 저지

□ 晦ます（くら） 모습을 감추다, 숨기다

□ 嫌悪（けんお） 혐오

□ お上りさん（のぼ） 시골에서 올라온 사람

□ 賑う（にぎわ） 번화해지다

□ 騒動（そうどう） 소동

□ 全土（ぜんど） 전토

□ 浮かび上がる（う・あ） 떠오르다, 부상하다

□ 供す（きょう） 내놓다, 올리다

□ あり方（かた） 마땅히 그러해야 할 자세, 태도

□ 語感（ごかん） 어감

□ 綴り（つづ） 철자

□ 言い出しっぺ（い・だ） 처음 말을 꺼냄

□ 郷里（きょうり） 고향

□ 刻む（きざ） 새기다, 조각하다

□ 思い思いに（おも・おも） 각자의 생각대로

□ 鐘（かね） 종

□ 港町（みなとまち） 항구 도시

□ まんざら 반드시 ~한 것은 아니다

□ 縁（えん） 연, 인연

□ 主導（しゅどう） 주도

□ 激烈な（げきれつ） 격렬한

□ 押しかける（お） 밀어닥치다, 몰려들다

□ 騒乱状態（そうらんじょうたい） 소란 상태

□ 司令塔（しれいとう） 사령탑

□ 総本山（そうほんざん） 총본산

□ 目する（もく） 간주하다, 판단하다

□ 勢揃い（せいぞろ） 많은 사람이 한곳에 모임

□ 断続的（だんぞくてき） 단속적, 끊겼다 이어졌다함

□ 空疎（くうそ） 공소

□ 幾重（いくえ） 몇 번이고, 되풀이하여

□ 厳重警戒（げんじゅうけいかい） 엄중 경계

□ 施す（ほどこ） 시행되다

□ うんざりする 지겹다

□ 極まりない（きわ） ~하기 짝이 없다, 너무 ~하다

□ 金網（かなあみ） 철망

□ 隔離（かくり） 격리

□ 何のことはない（なん） 별것 아니다, 대수롭지 않다

□ 囚人（しゅうじん） 죄수

□ 境遇（きょうぐう） 경우, 처지

□ 迅速（じんそく） 신속

□ 異議申し立て（い・ぎ・もう・た） 이의신청

□ 選択肢（せんたくし） 선택지

□ 要件（ようけん） 요건

□ 産物（さんぶつ） 산물

□ 郷土（きょうど） 향토

## ～であろう(だろう)　～일 것이다

▶ 화자의 생각을 단정하지 않고 언급하는 표현.

・全ては北イタリアのブラという町で始まった。そのことがなければ、近隣の人たち以外だれにも知られることはなかったであろう、何の変哲もない小さな町である。
・当分、円高は収まらないだろう。
・20年後には、この町の風景も随分変わっているだろう。

## ～をめぐる / ～をめぐって　～을 둘러싼 / ～을 둘러싸고

▶ 어떤 일에 대한 주변의 사항을 포함하여 대상으로 거론할 때 사용하는 표현.

・マクドナルドをめぐるこの騒動は、イタリア全土でかなりの話題になっていたらしい。
・政治資金をめぐる疑惑が連日マスコミに取り上げられている。
・憲法改正をめぐって、与野党の間で激しい攻防が繰り広げられている。

## ～でもある　～이기도 한다

▶ 다른 의견의 존재를 나타내는 표현.

・その違和感がメッセージとして効果的でもある。
・彼のそういう点は長所でもあり、短所でもある。
・ピンチの時こそ、チャンスでもある。

## ～と聞いていた  ～라고 들었다

▶ 전문(伝聞)전문 표현.

・「それでもよかったら、どうぞ私たちの町にいらして下さい」というのが、この町の キャッチフレーズだと聞いていたからである。
・業務上、知りえた情報を公にしてはいけないと聞いていた。
・彼の出身は北海道だと聞いていた。

## ～という説も(が)ある  ～라고 하는 설도 있다

▶ 다른 견해의 존재를 나타내는 표현.

・新大陸を「発見」したコロンブスを生んだ港町、アメリカ産文化であるジーンズはこの町の名に由来するという説もある。
・2012年に文明が滅亡するという説もあった。
・「イケメン」という語は「イケてる面」に由来するという説がある。

## まんざら～わけではない
반드시 ～인 것은 아니다. 꼭 ～이라고는 할 수 없다

▶ 내용을 부분적으로 부정하는 표현.

・アメリカ産文化であるジーンズはこの町の名に由来するという説もある、アメリカとまんざら縁がないわけではない都市なのだが、
・彼女のことは、まんざら知らないわけではない。
・お世話とわかっていても自分の歌をほめられるのはまんざら嫌なわけではない。

## 〜ものの　〜지만

> ▶ 과거의 사건이나 현재의 상황을 언급 한 후, 사실적인 역설을 나타내는 표현. 문어에서 밖에 사용되지 않고, 앞에 보통형을 사용하여 정중형을 사용할 수 없다.

- たしかに経済先進国のオエライさんが勢揃いして見かけは派手なものの、そんなに実質があるわけではない。
- 大学時代の友人に電話でもかけてみようと思ったものの、忙しさにまぎれて、つい、そのままにしてしまった。
- 招待状は出したものの、まだほかの準備はまったくできていない。



## 8

## 〜ざるをえない　〜수밖에 없다, 〜하지 않을 수 없다

> ▶ 사정이나 추세, 상식 상의 이유 등으로 어떤 행위가 불가피한 것을 나타낸다. 문어적 표현.

- だが、ジェノバ・サミットは、突然変異のように誕生した小泉純一郎首相の国際舞台初登場という事情があって取材せざるをえなかった。
- 明日は残業せざるをえない。
- 今夜は得意先の接待なので。お酒を飲まざるをえない。

## 🔑 関連キーワード

レトルト、中食(なかしょく)、惣菜(そうざい)、ローカリズム、グローカリズム、スローアーキテクチュア、
スローシティ、地産地消

## 💬 テーマで話そう

❶ スローライフとはどういうことだと思いますか。あなたの国にも「スローフード」のような運動があったら、紹介してみましょう。

❷ スローライフを実現するためにはどうしたら良いと思いますか。

❸ 食のグローバル化とはどういうことだと思いますか。各国の料理や食文化についても話してみましょう。

❹ 「ファストフード」の問題点、または「ファストフード」に象徴されるような現代先進諸国の文化の問題点は何だと思いますか。

❺ 「速くて良いもの」「速くて悪いもの」「遅くて良いもの」「遅くて悪いもの」を挙げ、その理由について話してみましょう。

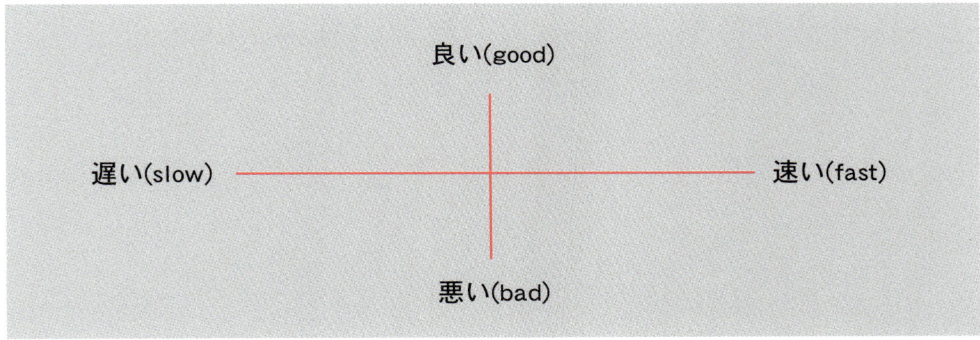

❶ 現代人の食生活

❷ 「スロー」の効用

❸ グローバリズムとローカリズム

❹ 食と健康

❺ 食と文化

# 原発と<br>エネルギー問題

❶ 原子力発電は必要だと思いますか。それはなぜですか。

❷ 日ごろ意識的に省エネに取り組んでいますか。
また、クール・ビズ、ウォーム・ビズ等の省エネ運動に
ついてどう思いますか。

## 将来性のあるエネルギー資源は何か？　原子力エネルギー利用の是非

　原発は電力の主流だったのだろうか。そして今後も存在し得るのだろうか。

　マスメディアでは、原発が世界中の電力の主流であるかのような論調がしばし
ば見られるが、それはトンデモナイ嘘である。実際には、日本の電力10社がつく
る電気事業連合会が東日本大震災後の2011年4月に公表した最新データ(図1－
「図表で語るエネルギーの基礎　2009　2010」)が明らかにしているように、そも
そも日本において、テレビと新聞がしばしば枕詞に使っている「電力の3分の1は
原子力」というのは大嘘である(原子力以外の石炭・石油・天然ガス・水力の内訳％
は、表1に示す)。　2008年現在では、事故・トラブル・地震による運転停止続き
で、原発は4分の1も発電していない！

表1　G7と全世界の発電量の内訳(原子力を除く)(％)

|  | 石炭 | 石油 | 天然ガス | 水力 |
|---|---|---|---|---|
| アメリカ | 49.1 | 1.3 | 21.0 | 5.9 |
| 日本 | 26.8 | 13.0 | 26.3 | 7.1 |
| イギリス | 32.9 | 1.6 | 45.9 | 1.3 |
| ドイツ | 46.1 | 1.5 | 13.9 | 3.3 |
| フランス | 4.8 | 1.0 | 3.8 | 11.2 |
| カナダ | 17.2 | 1.5 | 6.2 | 58.7 |
| イタリア | 15.5 | 10.0 | 55.1 | 13.3 |
| G7平均 | 27.5 | 4.3 | 24.6 | 14.4 |
| 世界平均 | 40.9 | 5.5 | 21.3 | 15.9 |

　特に無知なのは大手メディアの記者たちである。彼らは、原子力の占める割
合が24％であるのに、これを3分の1と呼ぶのだから、小学生の算数もできな
い人間が、記事や論説を書いている。さらに火力発電所と水力発電所は、その大

半が運転されずに休まされている。現在、火力が大半の電力を生み出していることを、ほとんどの日本人がほとんど認識していないことは驚きである。日本では６６％の電気が火力によってまかなわれているのだから、「電力の３分の２は火力です」と讃えて、日本人の生活基盤を支えている火力発電に感謝を捧げるのが人間としての筋であろう。

　また、原子力が経済成長に欠かせないと語る無知なエコノミストが日本にぞろぞろいるが、図１の先進国G7に対して、図２の新興国ＢＲＩＣｓ[注1]の発電電力量の電源構成を見ると、原子力が占める比率は、ブラジルでは３.０％、インドでは１.８％、中国では２.０％しか発電していない。ほとんどないも同然である。G7と新興国ＢＲＩＣｓのどちらが経済成長しているのか？　尋ねるまでもないだろう。原発と経済成長は、まったく関係のない話なのである。

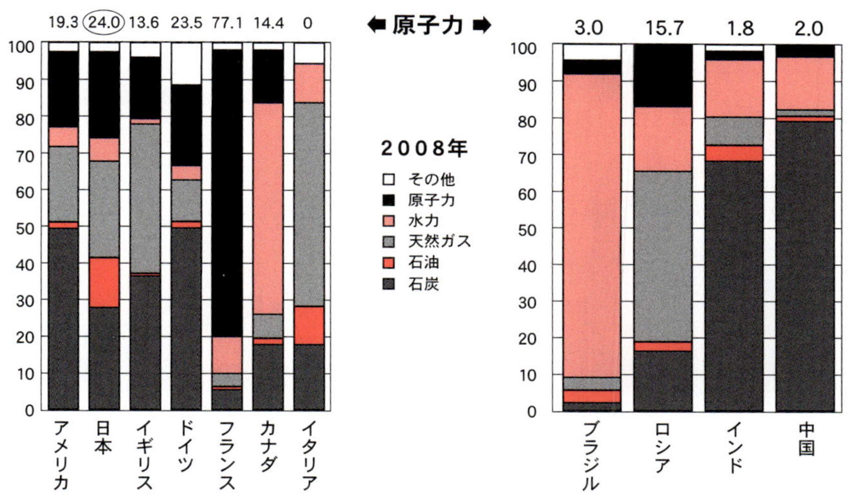


**図1　先進国G7の発電電力量の電源構成**　　**図2　新興国BRICsの発電電力量の電源構成**

　そして、これまで原発を使ってきた先進国では、運転開始の歴史が古いため、すでに、全世界における原子力発電所は、運転開始から３０年以上を経たものが大部分となりつつある。そのため、老朽化した機械装置として危険な寿命に達し、まとめて１００基が次々と廃炉に追いこまれる日が目前に迫っている。図３は、世界最大の原子炉１０４基を数えるアメリカの場合だが、３２年前、１９７９年のスリーマイル島原発事故[注2)]が起こった年までに運転開始した原子炉が、そのうち半数を超える５３基にも達している。そのためアメリカでは、１９９０年代に入って、続々と廃炉に追いこまれてきた。そこで電力会社は、老朽化した原子炉の運転寿命を延長するという危ない手段でかろうじて原子力産業を維持している。最も古いオイスター・クリーク原発は、４２年も前の１９６９年に運転を開始した超危険な原子炉である。

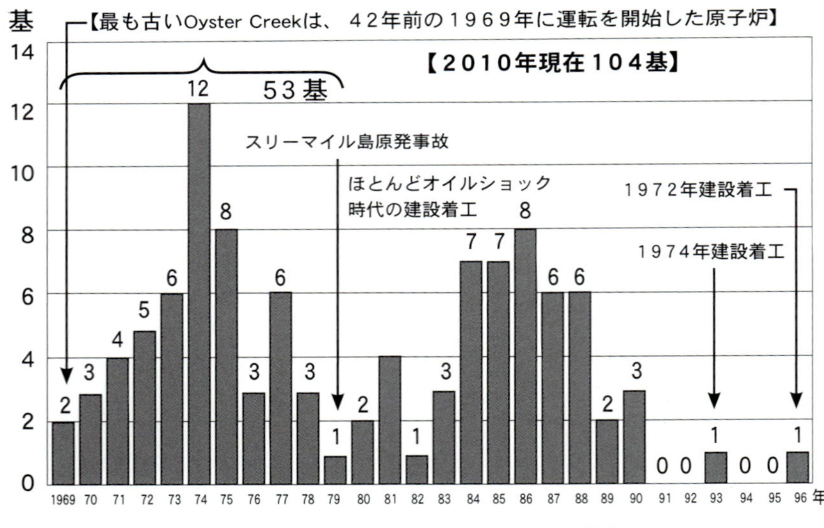


図3 アメリカの原発の運転開始年

　これに対して、それを穴埋めする新規の原発建設は、先進国でゼロに近いので、その国の政策が原発推進・廃止にかかわらず、ほどなく自然消滅する運命にある。つまり先進国では、国内の原子力産業に未来の展望がほとんどない。そのために、アジアや中東に原子炉の売り込みを図って、それが原子カルネッサンス などという見当違いのバカ騒ぎをしてきただけである。事実上、電気製品も製造で きないこれらアジアや中東の国家が、まともに原発を運転できるはずがない。

　日本では、図4のように、１９７０～８０年代が原発建設のピークで、現在はと うに終焉（しゅうえん）の時代に入っている。さらに今年は、福島（ふくしま）原発事故のため、その傾向が 一層顕著（けんちょ）で、新規・増設の原発建設はストップしたままで、まったく不可能であ る。加えて、東日本・西日本とも、原子炉の材料の寿命３０年を超える原子炉が 大量に発生しているので、わが国においても、原発そのものは、ほどなく自然消 滅する運命にある。したがって、原発を維持するという選択は、望むと望まない とにかかわらず、わが国において将来まったくない。

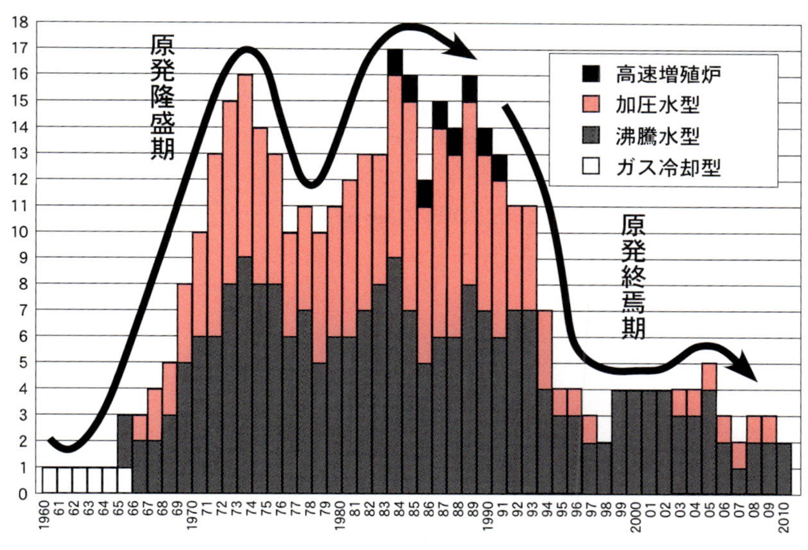


**図4　建設中の日本の原発の基数**

　結論として言えることは、いずれ消滅することが分っているものに拘泥（こうでい）する者 は、時代に取り残されるのである。それでもなお、将来に絶対に存在しない発電技術に身をゆだねて、現在保有する原発の運転を続けるか、それとも、将来性がない技術に素早く見切りをつけるか、どちらが日本人にとって賢明であるか、その選択の答は一つしかない。

　この時、歳月をかけて原発を順次廃絶するという意見がそちこちで聞かれるが、果たしてそのように悠長な言葉を語っていられるだけの時間が、次の大地震まで残されているかを考えれば、おのずと答は出るはずだ。こうしたノンビリした意見を述べているのは主に、原子力の深刻さをこれまで一度も考えたことがない、まことに無知で、不勉強な自称「文化人」たちなのである。つまり日本人が、原発の完全な終焉を、次の大事故があったあとに迎えるか、それとも、知性的な意思に基づいて、サッパリと決断するかである。

広瀬隆　『新エネルギーが世界を変える』（2011年　NHK出版）

注1）　BRICs：経済発展が著しいブラジル((Brazil)、ロシア(Russia)、インド(India)、中国(China)の頭文字を合わせた四カ国の総称。

注2）　スリーマイル島原発事故：1979年3月28日、米国のペンシルベニア州スリーマイル島原子力発電所2号機で発生した大規模な原子炉事故。

❶ 日本の電力の主流は何だと述べられていますか。また、電力に関するデータと現実の認識に隔たりが見られるのはどのような理由からですか。

❷ 日本のマスメディアやエコノミストはどのような嘘や間違った情報を発信していると述べられていますか。

❸ アメリカや日本で原発が「ほどなく自然消滅する運命にある」のはなぜですか。

❹ 先進国の原子力産業は国内に未来の展望がないため、どのように生き残ろうとしていますか。

❺ ゆっくり時間をかけて原発を廃絶しようという意見に対して、筆者はどのように考えていますか。

□ 是非 （ぜひ） 시비, 옳고 그름

□ 原発 （げんぱつ） 원자력발전소

□ 主流 （しゅりゅう） 주류

□ 論調 （ろんちょう） 논조

□ しばしば 자주, 여러 차례

□ 嘘 （うそ） 거짓말

□ 公表する （こうひょう） 공표하다

□ 枕詞 （まくらことば） 특정한 말 앞에 붙여 어조를 고르는 수식어

□ 大嘘 （おおうそ） 새빨간 거짓말

□ 内訳 （うちわけ） 내역

□ 天然資源 （てんねん しげん） 천연자원

□ 石炭 （せきたん） 석탄

□ 埋蔵量 （まいぞうりょう） 매장량

□ 無知 （むち） 무지

□ 大手メディア （おおて） 대형 언론매체

□ 論説 （ろんせつ） 논설

□ 大半 （たいはん） 대부분, 과반

□ 生み出す （うだ） 만들어 내다

□ まかなう 조달하다

□ 讃える （たた） 칭찬하다

□ 感謝を捧げる （かんしゃ ささ） 감사를 드리다

□ 筋 （すじ） 도리

□ ぞろぞろ 많은 사람이나 동물이 줄지어 가는 모양

□ 新興国 （しんこうこく） 신흥국

□ 〜つつある 〜하고 있다

□ 老朽化 （ろうきゅうか） 노후화

□ 寿命 （じゅみょう） 수명

□ 廃炉 （はいろ） 폐로

□ 原子炉 （げんしろ） 원자로

□ かろうじて 겨우, 간신히

□ 穴埋めする （あなう） 보충하다

□ ほどなく 이윽고, 머지않아

□ 消滅 （しょうめつ） 소멸

□ 展望 （てんぼう） 전망

□ 売り込み （うこ） 판로를 확장함

□ 見当違い （けんとうちが） 예상이 빗나감, 엉뚱함

□ 馬鹿騒ぎ （ばかさわ） 공연히 떠들어 댐

□ まともに 제대로

□ とうに 벌써, 이미

□ 終焉 （しゅうえん） 종언

□ 顕著 （けんちょ） 현저

□ いずれ 어쨌든, 결국은

□ 拘泥する （こうでい） 구애되다

□ 取り残される （と のこ） 뒤떨어지다, 뒤쳐지다

□ 身をゆだねる （み） 몸을 맡기다

□ 見切りをつける （みき） 단념하다, 포기하다

□ 賢明 （けんめい） 현명

□ 歳月 （さいげつ） 세월

□ 順次 （じゅんじ） 순차

□ 廃絶 （はいぜつ） 폐절, 대가 끊김

□ 悠長な （ゆうちょう） 성미가 누긋한

□ おのずと 자연스럽게

□ 自称 （じしょう） 자칭

**1**

### そもそも　무릇, 대저

▶ ① 사물의 기원・근본을 가리키는 말.
② 다시 말하거나 쓰기 시작할 때 사용한다.

・実際には、日本の電力10社がつくる電気事業連合会が東日本大震災後の2011年4月に公表した最新データが明らかにしているように、そもそも日本において、テレビと新聞がしばしば枕詞に使っている「電力の3分の1は原子力」というのは大嘘である。
・そもそも彼は今度の総選挙に立候補する資格があるのだろうか。
・地球幸福度指数というのがある。そもそも「幸福度」の指標とはどのようなものなのか。

**2**

### そこで　그래서

▶ 앞에서 언급된 내용을 다음으로 이끌어간다.

・全世界における原子力発電所は、運転開始から30年以上を経たものが大部分となりつつある。そのためアメリカでは、1990年代に入って、続々と廃炉に追いこまれてきた。そこで電力会社は、老朽化した原子炉の運転寿命を延長するという危ない手段でかろうじて原子力産業を維持している。
・台風で電車が不通になってしまった。そこで、タクシーに乗って会社に行った。
・修了試験は昨年まで韓国語だけだったが、今年からは韓国語と英語になった。そこで、英語の試験対策コースを受講することにした。

## 「そこで」と「それで」

| 공통 의미 | 앞에서 언급된 상황이 원인, 이유가 되어 뒤의 이어지는 상황이 발생하는 것을 나타냄.

| 사용 구별 |

❶ 「そこで」는 항상 구체적인 장면이 전제가 된다. 전제에서 자연스럽게 도출되는 상황을 설명하고 결과를 언급하는 경우에 사용되기 때문에 「そこで」에 이어지는 문장은 보통 과거형을 취하게 된다.

❷ 「それで」는 「そこで」와 달리 꼭 구체적인 장면 설정이 필요하지 않으며, 앞문장이 뒤에 이어지는 문장의 이유, 원인 설명이 된다.

| 사용예 |

- それで : 現金がないことに気づいた。それでコンビニにお金を下ろしに行った。

  彼女はいつも元気で明るい。それでみんなに好かれている。

- そこで : 新しいレストランができていた。そこで入ってみた。

  間違いだらけだった。そこで最初からやり直すことにした。

---

**3**

## つまり　결국, 즉, 요컨대, 바꾸어 말하면

▶ 설명의 접속사.

- その国の政策が原発推進・廃止にかかわらず、ほどなく自然消滅する運命にある。
  つまり、先進国では、国内の原子力産業に未来の展望がほとんどない。
- 名曲「イパネマの娘」が作曲されたのは1962年のこと。つまり今年は、この名曲が作られてから、ちょうど50年目にあたるのだ。
- 1950〜1960年代に生まれた世代も、「シラケ世代」などと呼ばれていました。
  つまり、若者の無気力ぶりは今に始まった問題ではないのです。

## さらに / 加えて　게다가

▶ 앞에서 언급된 내용에 또 다른 내용이 더해지는 경우에 사용된다.

・1970〜80年代が原発建設のピークで、現在はとうに終焉の時代に入っている。さらに今年は、福島原発事故のため、その傾向が一層顕著で、新規・増設の原発建設はストップしたままで、まったく不可能である。加えて、東日本・西日本とも、原子炉の材料の寿命30年を超える原子炉が大量に発生しているので、わが国においても、原発そのものは、ほどなく自然消滅する運命にある。
・どちらの作品も主人公は弁護士。さらに、人物設定や展開も非常に似ている。
・ローンの総額は2000万円に上る。加えて、子供の教育が重くのしかかっていた。

## したがって　따라서, 그러므로

▶ 앞의 내용의 결과로 뒤의 내용이 일어남을 나타낸다.

・加えて東日本・西日本とも、原子炉の材料の寿命30年を超える原子炉が大量に発生しているので、わが国においても、原発そのものは、ほどなく自然消滅する運命にある。したがって、原発を維持するという選択は、望むと望まないとにかかわらず、わが国において将来まったくない。
・急激な政策転換は混乱を来すおそれがある。したがって、エネルギー政策については長期的な展望を踏まえて十分に検討すべきである。
・今後は円高がより一層進むことが予想される。したがって、景気回復の見通しは決して明るくない。

## 「ゆえに」と「よって」

**| 공통 의미 |** 앞의 내용의 결과로 뒤의 내용이 일어남을 나타낸다.

**| 사용 구별 |** 「従って」는 약간 딱딱한 표현이다. 「よって」「故に」는 더욱 딱딱한 표현이며, 연설이나 강연, 논문, 공문서 등에서 사용된다.

**| 사용례 |**

・ ゆえに：我思う、**ゆえに**我あり。

風呂ではみんなハダカで、身分の区別がない。**ゆえに**、庶民も支配階級も対等に話せる場となった。

・ よって：事前登録が必要だということを知らずに当日参加を希望する人もいます。**よって**、参加希望者には前もってその旨を説明し、了承を得ておく必要があります。

貴殿は業界の発展向上に大きく寄与されました。**よって**これを表彰いたします。

## それでもなお　그런데도 여전히, 아직

▶ 「それでも」＋부사「なお」

・いずれ消滅することが分っているものに拘泥する者は、時代に取り残されるのである。**それでもなお**、将来に絶対に存在しない発電技術に身をゆだねて、現在保有する原発の運転を続けるか、

・警察は交通違反の取締りを強化している。**それでもなお**、前年と比べ、違反は５割増となったという。

・通信業界はこれまで様々な迷惑メール対策を講じてきた。だが、**それでもなお**迷惑メールは増える一方である。

## 🔑 関連キーワード

シェールガス、メタンハイドレート、化石燃料、燃料電池(Fuel Cell)、エネファーム、クリーンエネルギー、再生可能エネルギー、コジェネ、コンバインドサイクル発電、バイオマス発電、太陽光発電、風力発電、地熱発電、水力発電

## 🗣 テーマで話そう

❶ 本文を読んではじめて知ったという内容や疑問を感じた点等について話してみましょう。

❷ 本文の内容を踏まえて、原子力発電の是非について話し合ってみましょう。

❸ 将来的に最も有望なエネルギー資源について、あなたの国の実情をもとに話し合ってみましょう。

❹ 原発関連産業の行く末が地域社会等に与える影響などについて話してみましょう。

❶ マスメディアと原発問題

❷ 原発と雇用環境、地域社会

❸ 節電と発電システムの有効化

❹ 将来のエネルギー資源

❺ 私の国の原発

# 12

# 情報テクノロジーと<br>ニューメディア

❶ あなたは、パソコンやスマートフォンなどの電子機器を
どのように利用していますか。

❷ 紙の書籍と電子書籍、それぞれの長所・短所は何だと
思いますか。

# テクノロジーと退化

島田雅彦

　四年前、パリのアカデミー・フランセーズの図書館に収蔵されているグーテンベルク聖書の初版本を閲覧する機会があった。十五世紀のヨーロッパに情報革命をもたらしたとされる活版印刷術だが、その新しい技術の最初の成果が、聖書の大量複製だった。この初版本の発行部数は百五十部だった。現在の感覚からすれば、私家版の詩集よりも少なく、社会的には何の影響力もない数字に思えるが、実際にはその百五十部は世界を覆すに十分な数だった。活版印刷術発明後の五年間に流通した書物の数は、発明以前の千年間に流通した書物の数を上回るという事実を思い出せば、それが途轍もない変化だったことはよくわかる。

　（中略）

　十五世紀のヨーロッパにおいては、まだ紙はその耐久性を疑問視されていて、写本の時代から愛用していた羊皮紙にこだわる人々が多かった。グーテンベルク聖書も紙と羊皮紙の割合は半々くらいだったようだ。私が手に取ったのは紙の聖書だったが、五百五十年以上経っているのに、手漉きの紙はしっかりと創世記や出エジプト記の記述を保ち、通例の読み方、扱い方にも耐える強度を保っていた。

　羊皮紙も耐久性は悪くないが、書き込んだ文字を消したり、改変できてしまうところに難があった。紙は一度、インクを染み込ませたら、その部分を切り取らない限り、情報は改変できない。そこは刺青とよく似ている。

　紙の本は情報の保存手段として非常に優れていることは既に歴史的に証明されている。今後、電子化したデータをどう保存するかについては、まだ決着はついていない。DVDやUSBジャックの寿命は紙に較べると、かなり短いから、最も重要なデータについては、紙に印刷するか、古代人のように石に刻んでおくのが確実かもしれない。

　写本の時代、書籍は教会や国家の共有財産であり、かつ専制君主、封建領主の独占的所有物だったが、活版印刷術は書籍の私有への道を開いた。まだ万人の手にも入るような代物ではなかったが、確実により多くの人の目に触れるようにはなり、人々が自分の頭で考える時代風潮、ルネッサンスを切り開いたし、既成権力に対抗する革命をも準備した。宗教改革もその一つだ。

　聖書の初版本は当時、売られていた物のどれと同じくらいの値段だったのか知らないが、現在、書物の価格はちょうど食事一回分の値段である。これもいい加減な目安だが、おにぎり一個の価格で買える文庫本もあれば、フランス料理のフルコースと同じ価格の学術書もある。ともあれ、電子書籍の普及により、書物の価格はさらに下がることは必至だ。データ送信料に広告やデザイン料を上乗せし、さらに編集費と著作者の印税を足したものが一冊の値段になるはずだが、その値段の付け方に「いかなる紙の本よりも安く」というのがあった。それはある意味当然で、紙や印刷代がかからないのだから、紙の本より高いのは理不尽である。

　しかし、価格が安くなれば、より書籍が流通するというものではない。また、テキストを電子化すれば、絶版も品切れもなく、いつでもその情報を取り出せる

便利さはあるものの、その便利さは人類にとって本当に必要なものなのかどうか
もわからない。確実なのはそれで儲けようとする人々がいて、最も熱心にそのメ
リットを説くということ。それよりも世界中の書籍を電子化して一括管理するシ
ステムは、世界帝国を作ろうとする発想そのものだ。同一の規格、共通の言語、
標準的な価値観に基づいたシステムはそのまま検閲とか情報操作を行う権力にな
り得る。アマゾンやグーグルは少なくとも、スターリンによる大粛清やナチス
による焚書、大審問官による異端審問を一国内だけでなく、全世界的に行うこと
だって可能だ。そうしようと考えている人がいるかどうかは知らないが、少なく
とも可能であるというところが恐ろしい。

　これまでメディアは大衆を愚民化することには絶大な効果を上げてきた。テ
レビやＰＣ、携帯電話を通じて、多くの人々を緩やかに結びつけながらも、隣人
への興味を失うように仕向けてきた。人々を情報の洪水に溺れさせることによっ
て、健忘症をいっそう加速させてきた。いつでも情報を取り出せる便利さは確実
に記憶力を奪ってきた。

　情報の流通の歴史を振り返ってみればわかる。人類が文字を持たなかった時
代、コミュニケーションは音声を通じて行ってきた。文学の最も古い形態は神話
だが、これはユーカラ注1)がそうだったように口承によって後世に伝えられてき
た。選ばれた語り部注2)が長大な物語を記憶し、次世代に口伝えで語り聞かせたの
だ。古代ギリシャの英雄叙事詩もそうだ。『オデュッセイアー』の全一万二千行も
『イーリアス』の一万五千行も吟遊詩人が暗記し、各地でそれを朗唱することで広
まった。古代のテクストは竹やパピルスや羊皮紙に記され、保存され、やがて、
それは印刷され、書籍の形態で流通するようになったが、その頃には誰も全文を

暗記しようとはしなくなる。紙の本が流通するようになって五百五十年、すでに充分、忘れっぽくなっている人類には新たな試練が訪れる。電子書籍と紙の書籍を比較した時、どちらがより記憶に残りにくいか、それはわざわざ検証するまでもないだろう。手書きを止めて、漢字が書けなくなったという経験は誰もがしている。

2011 서울국제문학포럼 발제지『세계화 속의 삶과 글쓰기』

注1)　ユーカラ：アイヌに口承されてきた叙事詩。
注2)　語り部：古代、古伝承を語り伝え、公式の場で奏した部

❶ 十五世紀に発明された活版印刷術は、それまでの情報のあり方をどのように変え、ヨーロッパの社会にどのような変化をもたらしましたか。

❷ 本文に述べられている電子化以前の情報の保存手段を全て挙げ、それぞれの長所・短所について述べられていることをまとめてみましょう。

❸ 筆者が情報の電子化に関して危惧している点を二つにまとめてみましょう。

□ 収蔵 수장
　しゅうぞう

□ 初版本 초판본
　しょはんぼん

□ 閲覧する 열람하다
　えつらん

□ 活版印刷術 활판인쇄술
　かっぱんいんさつじゅつ

□ 複製 복제
　ふくせい

□ 私家版 사가판, 가각본
　し か ばん

□ 覆す 뒤엎다
　くつがえ

□ 書物 서적, 책
　しょもつ

□ 途轍もない 터무니없다, 엄청나다
　と てつ

□ 疑問視する 의문시하다
　ぎ もん し

□ 羊皮紙 양피지
　よう ひ し

□ 手に取る 손에 쥐다
　て と

□ 手漉き 손으로 종이를 뜸, 손으로 든 종이
　て す

□ 創世記 창세기
　そうせい き

□ 出エジプト記 출애굽기
　しゅつ き

□ 耐える 견디다, 감당하다
　た

□ 書き込む 써넣다, 기입하다
　か こ

□ 改変する 내용을 바꾸다
　かいへん

□ 染み込ませる 스며들게 하다
　し こ

□ 刺青 문신
　いれずみ

□ 決着がつく 결말이 나다
　けっちゃく

□ 寿命 수명
　じゅみょう

□ 封建領主 봉건영주
　ほうけんりょうしゅ

□ 代物 물건, 상품
　しろもの

□ 切り開く 개척하다
　き ひら

□ 既成権力 기성권력
　き せいけんりょく

□ いい加減な 적당한, 엉성한
　か げん

□ 目安 기준, 목표
　め やす

□ ともあれ 어쨌든, 하여간

□ 必至 불가피
　ひっ し

□ 上乗せする 추가하다, 덧붙이다
　うわ の

□ 編集費 편집비
　へんしゅう ひ

□ 印税 인세
　いんぜい

□ いかなる 어떤, 어떠한

□ 理不尽 불합리함
　り ふ じん

□ 絶版 절판
　ぜっぱん

□ 品切れ 품절, 절품
　しな ぎ

□ 儲ける 벌다, 이익을 보다
　もう

□ 説く 설명하다, 설득하다
　と

□ 一括管理 일괄관리
　いっかつかん り

□ 検閲 검열
　けんえつ

□ 大粛清 대숙청
　だいしゅくせい

□ 焚書 분서, 책을 태움
　ふんしょ

□ 大審問官 대심문관
　だいしんもんかん

□ 異端審問 이단심문
　い たんしんもん

□ 愚民化 우민화
　ぐ みん か

□ 結びつける 연결시키다
　むす

□ 隣人 이웃사람
　りんじん

□ 仕向ける 대하다, 하게 만들다
　し む

□ 溺れる 빠지다, 탐닉하다
　おぼ

□ 健忘症 건망증
　けんぼうしょう

□ 口承 구승, 구전
　こうしょう

□ 口伝え 구전
　くちづた

□ 英雄叙事詩 영웅서사시
　えいゆうじょ じ し

□ 吟遊詩人 음유시인
　ぎんゆう し じん

□ 朗唱する 낭송하다
　ろうしょう

□ 試練 시련
　し れん

□ 手書き 손으로 씀
　て が

**1**

## 〜とされる　〜라고 생각되어 있는

▶ 일반적인 평가나 정론이 되어 있는 평가를 말한다.

- 十五世紀のヨーロッパに情報革命をもたらしたとされる活版印刷術だが、その新しい技術の最初の成果が、聖書の大量複製だった。
- チェルノブイリと福島（ふくしま）の原発事故は、「深刻な事故」とされるレベル7に相当するものであった。
- アジアの多くの国で、トラは力と強さの象徴とされている。

**2**

## 〜からすれば　〜으로 본다면, 〜으로 치면

▶ 판단, 평가하는 입장을 나타낸다.

- 現在の感覚からすれば、私家版（しかばん）の詩集よりも少なく、社会的には何の影響力もない数字に思えるが、実際にはその百五十部は世界を覆すに十分な数だった。
- 100年前の一円は、現在の貨幣価値からすれば、二万円ほどに相当するらしい。
- 常識的な感覚からすれば、あるいはまともな人間の情からすれば、考えられないような理由なき犯罪が増えつつある。

**3**

## 〜ことは必至だ　〜하는 것은 틀림없다

▶ 미래의 예측을 강한 확신을 가지고 말한다.

- ともあれ、電子書籍の普及により、書物の価格はさらに下がることは必至だ。
- 急激な円高により、国内輸出産業の業績が悪化することは必至だ。
- 土壌の放射能汚染の実態が明らかになれば、この地域の土地価格に影響を及ぼすことは必至である。

## ～てきた 

▶ 오랫동안 계속되어 온 관습, 경향, 사회구조를 서술한다.

- 人類が文字を持たなかった時代、コミュニケーションは音声を通じて行っ**てきた**。
- 自由民主党は、１９９０年代の２年半を除き、１９５５年から２００９年まで日本の政権を担っ**てきた**。
- 広瀬隆氏は、１９８０年代から３０年以上にわたって、日本の原発の危険性を警告し**てきた**。

## ～ようになった / ～なくなった 

▶ 상태나 시대의 변화를 서술한다.

- 古代のテクストは竹やパピルスや羊皮紙に記され、保存され、やがて、それは印刷され、書籍の形態で流通する**ようになった**が、その頃には誰も全文を暗記しようとはしなくなる。
- ２１世紀に入ってから、韓国では日本の大衆文化が自由に視聴できるようになり、日本でも韓国の大衆文化がブームを巻き起こす**ようになった**。
- ＩＴ革命の影響の大きさは、ビデオテープやウォークマンといったメディア機器が今ではすっかり使われ**なくなって**しまったことからも実感できる。

## ～までもない 

▶ ～을 할 필요가 없다는 의미로, 당연하다는 기분을 포함하고 있다.

- 電子書籍と紙の書籍を比較した時、どちらがより記憶に残りにくいか、それはわざわざ検証する**までもない**だろう。
- 原発の是非が、財界や政治家の意向によってではなく、国民の総意によって決められるべきであることは、改めて言う**までもない**。
- 多くの人が、ちょっとした交通事故なら警察に通報する**までもない**と考えるようだ。

## 🔑 関連キーワード

著作権、電子図書館、端末(機器)、マスメディア、マルチメディア、コンテンツ、WWW(ワールド・ワイド・ウェブ、ウェブ)、ネットサーフィン、クラウド、SNS(ソーシャル・ネットワーキング・サービス)

## 💬 テーマで話そう

**❶** 本文の内容について、共感できる点と共感できない点を話してみましょう。

**❷** あなたの国、またはその文化圏では、長い歴史を通じてどのように大切な情報を保存してきましたか。

**❸** 電子書籍の世の中になっても、紙の本はその価値を保てると思いますか。

## ✎ テーマで書こう

❶　情報の電子化の効用と問題点

❷　情報テクノロジーと人間精神

❸　情報テクノロジーと社会構造

부록

# 日本語の文章記号

## 1.「くぎり符号の使い方」[句読法]

(文部省教科書局調査課国語調査室　昭和21(1946)年3月作成より一部抜粋、筆者現代表記に変更)

### (一) 主として縦書きに用いるもの

#### ① マル(句点)(。)

一、　マルは文の終止にうつ。すべての文の終止にうつ。

(1) 春が来た。(正序)

(2) 出た、出た、月が。(倒置)

(3) どうぞ、こちらへ。(述語省略)

二、　「 」(カギ)の中でも文の終止にはうつ 。

(4)「どちらへ。」

三、　引用語にはうたない。

(5) これが有名な「月光の曲」です。

四、　引用語の内容が文の形式をなしていても簡単なものにはうたない。

(6)「気をつけ」の姿勢でジーッと注目する。

五、　文の終止で、カッコをへだててうつことがある。

(7) このことは、すでに第三章で説明した(五七頁参照)。

六、　付記的な一節を全部カッコでかこむ場合には、もちろんその中にマルが入る。

(8) それには応永三年云々の識語がある。(この識語のことについては後に詳しく述べる。)

#### ② テン(読点)(、)

一、　テンは、第一の原則として文の中止にうつ。

(1) 父も喜び、母も喜んだ。

二、　終止の形をとっていても、その文意が続く場合にはテンをうつ。

(2) 父も喜んだ、母も喜んだ。

(3) クリモキマシタ、ハチモキマシタ、ウスモキマシタ。

ただし、他のテンとのつり合い上、この場合にマルをうつこともある。

(4) この真心が天に通じ、人の心をも動かしたのであろう。彼の事業はようやく村人の間に理解されはじめた。

三、　テンは、第二の原則として、副詞的語句の前後にうつ。

（5）昨夜、帰宅以来、お尋ねの件について（、）当時の日誌を調べてみました
ところ、やはり（、）そのとき申し上げた通りでありました。

（6）お寺の小僧になって間もない頃、ある日、おしょうさんから大そうしかられ
ました。

（7）ワタクシハ、オニガシマヘ、オニタイヂニ、イキマスカラ

（8）私は反対です。

（9）私は、反対です。

（10）しかし私は、

（11）しかし、私は

なほ、接続詞、感嘆詞、また、呼びかけや返事の「はい」「いいえ」など、すべて副
詞的語句の中に入る。

（12）今、一例として、次の事実を報告する。

（13）また、私は

（14）ただ、例外として、

（15）ただし、汽車区間を除く。

（16）おや、いらっしゃい。

（17）坊や、お出で。

（18）はい、そうです。

四、　形容詞的語句が重なる場合にも、前項の原則に準じてテンをうつ。

（19）くじゃくは、長い、美しい尾をおうぎのようにひろげました。

（20）静かな、明るい、高原の春です。

五、　右の場合、第一の形容詞的語句の下だけにうってよいことがある。

（21）まだ火のよく通らない、生のでんぷん粒のあるくず湯を飲んで、

（22）村はずれにある、うちの雑木山を開墾しはじめてから、

六、　語なり、意味なりが付着して、読み誤る恐れがある場合にうつ。

（23）弾き終って、ベートーベンは、つと立ちあがった。

（24）よく晴れた夜、空を仰ぐと、

（25）実はその、外でもありませんが、

七、　テンは読みの間を表す。

（26）「かん、かん、かん。」

（27）「かんかんかん。」

八、　提示した語の下にうつ。

　　(28) 秋祭、それは村人にとって最も楽しい日です。

　　(29) 香具山・畝火山・耳梨山、これを大和の三山という。

九、　ナカテンと同じ役目に用いるが、特にテンでなくては、かえって読み誤りやすい場合がある。

　　(30) まつ、すぎ、ひのき、けやきなど

　　(31) 天地の公道、人倫の常経

十、　対話または引用文のカギの前にうつ。

　　(32) さっきの槍ヶ岳たけが、「ここまでおいで。」というように、

十一、対話または引用文の後を「と」で受けて、その下にテンをうつのに二つの場合がある。

　　(33) 「なんという貝だろう。」といって、みんなで、いろいろ貝の名前を思い出してみましたが、

　　(34) 「先生に聞きに行きましょう。」と、花子さんは、その貝をもって、先生のところへ走って行きました。

　　(35) 「おめでとう。」「おめでとう。」と、互いに言葉をかわしながら

「と言って、」「と思って、」などの「と」にはうたない。
「と、花子さんは」というように、その「と」の下に主格や、または他の語が来る場合にはうつのである。

十二、並列の「と」「も」をともなって主語が重なる場合には原則としてうつが、必要でない限りは省略する。

　　(36) 父と、母と、兄と、姉と、私との五人で、

　　(37) 父と母と兄と姉と私との五人で、

　　(38) 父も、母も、兄も、姉も、

　　(39) 父も母も兄も姉も、

十三、数字の位取りにうつ。

　　(40) 一、二三五 円

　　(41) 一、二三四、五六七、八九〇

　　(42) 一二億、三四五六万、七八九〇


## ③ ナカテン(・)

一、　ナカテンは、単語の並列の間にうつ。

　　(1) まつ・すぎ・ひのき・けやきなど、

　　(2) むら雲・おぼろ雲は、巻雲や薄雲・いわし雲などよりも低く、

二、　ただし、ナカテンの代りにテンをうつこともある。

　　　（3）まつ、すぎ、ひのき、けやきなど、

三、　テンとナカテンとを併用して、その対照的効果をねらうことがある。

　　　（4）明日、東京を立って、静岡、浜松、名古屋、大阪・京都・神戸、岡山、広島
　　　　　を六日の予定で見てきます。

四、　主格の助詞「が」を省略した場合には、ナカテンでなくテンをうつ。

　　　（5）米、英・仏と協商【新聞の見出し例】

五、　熟語的語句を成す場合にはナカテンをうたないのが普通である。

　　　（6）英仏両国　　（7）英独仏三国

六、　小数点に用いる。

　　　（8）一三・五

七、　年月日の言い表わしに用いる。

　　　（9）昭和二一・三・一八
　　　（10）二・二六事件

八、　外国語のくぎりに用いる。

　　　（11）テーブル・スピーチ

九、　外国人名のくぎりに用いる。　外国人名の並立にはテンを用いる。

　　　（12）アブラハム・リンカーン
　　　（13）ジョージ・ワシントン、アブラハム・リンカーン


## ④ カギ「」、フタエカギ『』

一、　カギは、対話・引用語・題目、その他、特に他の文と分けたいと思う語句に用いる。

　　　（1）「おはよう。」
　　　（2）俳句で「雲の峰」というのも、この入道雲です。
　　　（3）国歌「君が代」
　　　（4）この類の語には「牛耳る」「テクる」「サボる」などがある。

　　　これにフタエカギを用いることもある。

二、　カギの中にさらにカギを用いたい場合は、フタエカギを用いる。

　　　（5）「さっきお出かけの途中、『なにかめずらしい本はないか。』とお立寄りくださ
　　　　　いました。」

三、　カギの代りに" "を用いることがある。" "をノノカギと呼ぶ。

　　　（6）これが雑誌"日本"の生命である。

⑤ カッコ（　）

一、　カッコは注釈的語句をかこむ。

（1）広日本文典(明治三十年刊)

二、　編集上の注意書きや署名などをかこむ。

（2）(その一)(第二回)(承前)(続き)(完)(終)(未完)(続く)(山田)

三、　箇条書きの場合、その番号をかこむ。

（3）(一)(イ)(a)

〔付記〕　各種のカッコを適当に用いる。その呼び名を下に掲げる。
　　　　　《　》　フタエガッコ
　　　　　〔　〕　ソデガッコ
　　　　　[　]　カクガッコ
　　　　　【　】　カメノコガッコ

⑥ 疑問符　？

一、　疑問符は、原則として普通の文には用いない。ただし必要に応じて疑問の口調を示す場合に用いる。

（1）「ええ？　なんですって？」

二、　質問や反問の言葉調子の時に用いる。

（2）「そういたしますと、やがて龍宮へおつきになるでしょう。」「龍宮へ？」

三、　漫画などで無言で疑問の意をあらわす時に用いる。

⑦ 感嘆符　！

一、　感嘆符も普通の文には原則として用いない。ただし、必要に応じて感動の気持ちをあらわした場合に用いる。

（1）「ちがう、ちがう、ちがうぞ！」

二、　強め、驚き、皮肉などの口調をあらわした場合に用いる。

（2）放送のとき、しきりに紹介の「さん」づけをやめて「し」にしてくれというので、よくきいてみると、なんと、それは「氏」でなくて「師」であった！

### （二）主として横書きに用いるもの

#### ① ピリオド(. )

一、　ピリオドは、ローマ字文では終止符として用いるが、横書きの漢字交りかな文では、普通には、ピリオドの代りにマルをうつ。

（1）春が来た。

（2）出た、出た、月が。

#### ② コンマ(, )　コロン（：）　セミコロン（；）

二、　テンまたはナカテンの代りに、コンマまたはセミコロンを適当に用いる。

（3）まつ・すぎ・ひのき・けやきなど,

（4）まつ, すぎ, ひのき, けやきなど,

（5）明日, 東京を立って, 静岡, 浜松, 名古屋, 大阪・京都・神戸, 岡山, 広島を六日の予定で見てきます。

（6）静岡；浜松；名古屋；大阪, 京都, 神戸；岡山；広島を六日の予定で見てきます。

# 2.「くりかえし符号の使い方」[踊り字法]

（文部省教科書局調査課国語調査室　昭和21(1946)年3月作成より一部抜粋、筆者現代表記に変更）

#### ① 同の字点(々)

一、　「々」は漢字1字を代表する。

（1）世々　個々　日々

（2）我々　近々　近々

（3）正々　堂々　年々　歳々

（4）一歩々々　賛成々々

（5）双葉山々々々

#### ② ノノ点(〃)

一、　「〃」は簿記にも文章にも用いられる。「同上」という意味を表す。

（1）甲案を可とするもの

　　乙案　　〃

　　丙案　　〃

# 原稿用紙の使い方

## （1）マスに入れる文字

「1字1マス」を原則とする。句読点(、。)、拗音(「ゃ」など)、促音(「っ」)、なども同じ。
ただし、10以上の数字、英文の小文字は一つのマスに2字ずつ書く。

| イ | ン | タ | ー | ネ | ッ | ト | カ | フ | ェ |  |

| 7 | 月 | 〜 | 10 | 月 | 、 | 4 | .2 | ％ | 、 | 2 | ,9 | 00 | 円 |

| K | o | r | e | a | n | N | e | w | s |

## （2）記号の表記

原則は「1字1マス」であるが、点(……)は、1マスに点を3つ入れ、2マス続ける。
ダッシュ(――)は、2マス分書く。疑問符(?)や感嘆符(!)の後ろは1マス空ける。

| 何 | ！ |  | え | ？ |  | そ | う | … | … |

## （3）段落の表示

段落の書き始めは、1文字空ける。段落ごとに改行する。

|  | 昨 | 日 | は | 雨 | だ | っ | た | 。 |

## （4）行の最初や最後の句読点の処理

行の最初に句読点(、。)やかっこの後ろの部分(」』)は書かない。前の行の最後のマスに一緒に入れる。ただし、中黒は行の最初に置いてよい。句読点の場合はマスの外に書いてもよい。行の最後のマスにかっこの前の部分(「『)が来る場合は、最後のマスを空け、次の行の最初に書く。

| 「 | あ | あ | 、 | そ | れ | 、 | た | し | か | 黒 | 澤 | 明 | 監 | 督 | の | 映 | 画 | で | す | よ | ね。 |
| 「 | そ | の | 通 | り | 。 | 多 | く | の | 昨 | 品 | に | 影 | 響 | を | 与 | え | た | と | い | う |  |
| 『 | 七 | 人 | の | 侍 | 』 | だ | よ | 。」 |

## （5）数字

縦書きの場合は漢数字、横書きの場合は算用数字で書く。

| 19 | 45 | 年 | の |

| 一 |
|---|
| 九 |
| 四 |
| 五 |
| 年 |
| の |

# 外来語の表記

## （1）カタカナの長音表記

内閣告示第二号(H3.6.28)「外来語の表記」に基づき、英語の語尾の-er、-or、-ar、-*y など
にあたるものは、原則として長音とし長音符号「ー」を用いて書き表す。

### ● 表記例

- ・語尾に、-er が付く語句：コンピューター(computer)　ドライバー(driver)
  メーカー(maker)
- ・語尾に、-or が付く語句：エレベーター(elevator)　モーター(motor)
- ・語尾に、-ar が付く語句：カレンダー(calendar)　レーダー(radar)
  モジュラー(modular)
- ・語尾が、-*y でおわる語句：アクセサリー(accessory)　エネルギー(energy)
  メモリー(memory)

### ● 例外

語尾の母音の直前に、強勢(ストレス)のある別の母音がある場合、それをカタカナで表
記したときは語尾の母音には長音符号を付けないで表記する。以下は、その一例である。

ケア(care)　　　ストア(store)　　　ウェア(wear)

### ● 注

#### ＜内閣告示第2号 抜粋＞

内閣告示第二号「外来語の表記」から、長音表記に関する規格の一部を抜粋する。

出典：「外来語の表記」留意事項その２(細則的な事項)のⅢ

注１：長音符号の代わりに母音字を添えて書く慣用もある。

　　［例］バレエ(舞踊)、ミイラ

注２：「エー」「オー」と書かず、「エイ」「オウ」と書くような慣用のある場合は、それによる。

　　［例］エイト、ペイント、レイアウト、スペイン(地名)、ケインズ(人名)、
　　　　サラダボウル、ボウリング

注３：英語の語尾の-er、-or、-ar などにあたるものは、原則としてア列の長音とし長音
　　符号「ー」を用いて書き表す。ただし、慣用に応じて「ー」を省くことができる。

　　［例(長音符号使用)］エレベーター、ギター、コンピューター、マフラー

　　［例(長音符号不使用)］エレベータ、コンピュータ、スリッパ

## （２）原語の「V」音は「ヴァ」「ヴィ」「ヴ」「ヴェ」「ヴォ」ではなく、「バ」「ビ」「ブ」「ベ」「ボ」と表記

### ● 表記例

アベレージ(average)　　イベント(event)　　サービス(service)

ネガティブ(negative)　　バイオリン(violin)　　バージョン(version)

バニラ(vanilla)　　ボランティア(volunteer)　　レベル(level)

### ● 注

「ヴァ」「ヴィ」「ヴ」「ヴェ」「ヴォ」は、外来語ヴァ、ヴィ、ヴ、ヴェ、ヴォに対応する仮名である。

　　［例］ヴァイオリン　ヴィーナス　ヴェール　ヴィクトリア(地)　ヴェルサイユ(地)
　　　　　ヴォルガ(地)　ヴィヴァルディ(人)　ヴラマンク(人)　ヴォルテール(人)

注：一般的には、「バ」「ビ」「ブ」「ベ」「ボ」と書くことができる。

　　［例］バイオリン　ビーナス　ベール　ビクトリア(地)　ベルサイユ(地)
　　　　　ボルガ(地)　ビバルディ(人)　ブラマンク(人)　ボルテール(人)

## （３）「ti」「di」は、「ティ」「ディ」と表記

### ● 表記例

アンティーク(antique)　　ファンタスティック(fantastic)

ディスカッション(discussion)　　ディスプレー(display)

### ● 例外

アンチ(anti)　　イニシアチブ(initiative)　　オートマチック(automatic)

チケット(ticket)　　チップ(tip)　　デジタル(digital)　　プラスチック(plastic)

マルチ(multi)　　ラジオ(radio)

### ● 注

「チ」「ジ」、「テ」「デ」と書く慣用のある用語も多い。

＜内閣告示第２号　214＞

「ティ」「ディ」は、外来語ティ、ディに対応する仮名である。

　　［例］ティーパーティー　ボランティア　ディーゼルエンジン　ビルディング
　　　　　アトランティックシティー(地)　ノルマンディー(地)　ドニゼッティ(人)
　　　　　ディズニー(人)

注１：「チ」「ジ」と書く慣用のある場合は、それによる。

　　［例］エチケット　スチーム　プラスチック　スタジアム　スタジオ　ラジオ
　　　　　チロル(地)　エジソン(人)

注２：「テ」「デ」と書く慣用のある場合は、それによる。

　　［例］ステッキ　キャンデー　デザイン


## （４）二重母音[eɪ]、[ou] は長音記号「ー」で表記。

### ● 表記例

アベレージ(average)　　イミテーション(imitation)　　インジケーター(indicator)
インフォメーション(information)　　エレベーター(elevator)　　オーナー(owner)
プレーヤー(player)　　ページ(page)　　メーカー(maker)　　レーザー(laser)


### ● 例外

インターフェイス(interface)　　ドメイン(domain)　　ボウル(bowl)
メイン(main)　　メンテナンス(maintenance)　　レインコート(raincoat)


### ● 注

＜内閣告示第２号　2Ⅲ3の注２＞

長音は、原則として長音符号「ー」を用いて書く。

注２：「エー」「オー」と書かず、「エイ」「オウ」と書くような慣用のある場合は、それによる。

　　［例］エイト　ペイント　レイアウト　スペイン(地)　ケインズ(人)
　　　　　サラダボウル　ボウリング(球技)


## （５）「fo」「pho」は「フォ」と表記

### ● 表記例

インフォメーション(information)　　フォーム(form)　　フォロー(follow)
フォワード(forward)　　フォルダー(folder)　　ユニフォーム(uniform)


### ● 例外

ホルマリン(formalin)　　プラットホーム(platform)　　メガホン(megaphone)

● 注

＜内閣告示第2号 2I5＞

注1：「ハ」「ヒ」「ヘ」「ホ」と書く習慣のある場合は、それによる。

　　［例］セロハン　モルヒネ　プラットフォーム　ホルマリン　メガホン

注2：「ファン」「フィルム」「フェルト」等は、「フアン」「フイルム」「フエルト」と書く慣用
　　もある。


## （6）スペルが「ia」で発音が[ɪə]の場合は「（イ）ア」と表記。

### ● 表記例

アンモニア(ammonia)　　カフェテリア(cafeteria)　　ジフテリア(diphtheria)

ピアノ(piano)　　メディア (media)　　ラジアル(radial)

### ● 例外

ダイヤモンド(diamond)　　ダイヤル(dial)

ダイヤグラム(diagram)　　ビリヤード(billiards)

### ● 注

＜内閣告示第2号 2Ⅲ4＞

イ列・エ列の音の次にアの音が当たるものは、原則として「ア」と書く。

［例］グラビア　ピアノ　フェアプレー　アジア(地)　イタリア(地)
　　　ミネアポリス(地)

注1：「ヤ」と書く慣用のある場合は、それによる。

［例］タイヤ　ダイヤモンド　ダイヤル　ベニヤ板

注2：「ギリシャ」「ペルシャ」について「ギリシア」「ペルシア」と書く慣用もある。


## （7）原語「ware」は「ウェア」と表記

### ● 表記例

ソフトウェア(software)　　ハードウェア(hardware)

### ● 例外

なし

● 注

<内閣告示第2号 2 II 2>

イ列・エ列の音の次にアの音が当たるものは、原則として「ア」と書く。

「ウィ」「ウェ」「ウォ」は、外来語ウィ、ウェ、ウォに対応する仮名である。

[例] ウィスキー　ウェディングケーキ　ストップウォッチ

　　　ウィーン(地)　スウェーデン(地)　ミルウォーキー(地)

　　　ウィルソン(人)　ウェブスター(人)　ウォルポール(人)

注1：一般的には、「ウイ」「ウエ」「ウオ」と書くことができる。

　　[例] ウイスキー　ウイット　ウエディングケーキ　ウエハース

　　　　ストップウオッチ

注2：「ウ」を省いて慣用のある場合は、それによる。

　　[例] サンドイッチ　スイッチ　スイートピー

注3：地名・人名の場合には、「ウィ」「ウェ」「ウォ」と書く慣用が強い。


参考：内閣告示第二号 『外来語の表記』 平成3年6月28日策定
「外来語(カタカナ)表記ガイドライン　第2版」 テクニカルコミュニケーター協会

# おもなカタカナ表記と原語の表記

参考：内閣告示第二号 『外来語の表記』 平成 3 年 6 月 28 日策定
　　　「外来語(カタカナ)表記ガイドライン　第 2 版」 テクニカルコミュニケーター協会

**Ⓐ**

absorber　アブソーバー
accessory　アクセサリー
adapter　アダプター
adviser　アドバイザー
ammonia　アンモニア
answer　アンサー
anti-　アンチ-
antique　アンティーク
assembler　アセンブラー
audio　オーディオ
automatic　オートマチック
average　アベレージ

**Ⓑ**

bacteria　バクテリア
banner　バナー
battery　バッテリー
bias　バイアス
billiards　ビリヤード
binary　バイナリー
binder　バインダー
bindery　バインダリー
bowl　ボウル
browser　ブラウザー
buffer　バッファー
busy　ビジー

**Ⓒ**

cafeteria　カフェテリア
calendar　カレンダー
caravan　キャラバン
case　ケース
category　カテゴリー
chain　チェーン
character　キャラクター
charger　チャージャー

cleaner　クリーナー
color　カラー
community　コミュニティー
compiler　コンパイラー
computer　コンピューター
condenser　コンデンサー
condition　コンディション
conductor　コンダクター
connector　コネクター
controller　コントローラー
converter　コンバーター
cooler　クーラー
coordinator　コーディネーター
copy　コピー
corner　コーナー
counter　カウンター
coupler　カプラー
cover　カバー
creative　クリエーティブ
customer　カスタマー
cylinder　シリンダー

**Ⓓ**

decoder　デコーダー
delivery　デリバリー
diagram　ダイヤグラム
dial　ダイヤル
dialer　ダイヤラー
diamond　ダイヤモンド
diary　ダイアリー
digital　デジタル
diphtheria　ジフテリア
director　ディレクター
directory　ディレクトリー
discovery　ディスカバリー
discussion　ディスカッション
disk　ディスク
display　ディスプレー

domain　ドメイン
door　ドア
driver　ドライバー
dummy　ダミー

## E

earphone　イヤホン
editor　エディター
elevator　エレベーター
energy　エネルギー
entry　エントリー
eraser　イレーサー
error　エラー
escalator　エスカレーター
event　イベント
explorer　エクスプローラー

## F

family　ファミリー
fantastic　ファンタスティック
feeder　フィーダー
filter　フィルター
finder　ファインダー
finisher　フィニッシャー
floppy　フロッピー
folder　フォルダー
folkdance　フォークダンス
follow　フォロー
footer　フッター
form　フォーム
formalin　ホルマリン
forward　フォワード
fuser　フューザー

## G

gear　ギア
generator　ジェネレーター

## H

handler　ハンドラー
handy　ハンディー
hardware　ハードウェア
hunting　ハンチング

hyper　ハイパー

## I

identity　アイデンティティー
imitation　イミテーション
indicator　インジケーター
information　インフォメーション
initiative　イニシアチブ
instructor　インストラクター
interface　インターフェイス
interphone　インターホン
interview　インタビュー

## K

key　キー

## L

laser　レーザー
layer　レイヤー
letter　レター
level　レベル
library　ライブラリー

## M

mail　メール
main　メイン
maintenance　メンテナンス
maker　メーカー
manager　マネージャー
marker　マーカー
master　マスター
media　メディア
megaphone　メガホン
melody　メロディー
member　メンバー
memory　メモリー
message　メッセージ
meter　メーター
mirror　ミラー
modular　モジュラー
monitor　モニター
motor　モーター
multi　マルチ

**N**

name　ネーム
nature　ネーチャー
negative　ネガティブ

**O**

operator　オペレーター
over　オーバー
overcoat　オーバーコート
owner　オーナー

**P**

page　ページ
paper　ペーパー
parameter　パラメーター
party　パーティー
piano　ピアノ
plastic　プラスチック
platform　プラットホーム
player　プレーヤー
plotter　プロッター
pointer　ポインター
policy　ポリシー
primary　プライマリー
printer　プリンター
processor　プロセッサー
projector　プロジェクター
provider　プロバイダー

**R**

radar　レーダー
radial　ラジアル
radio　ラジオ
raincoat　レインコート
raster　ラスター
reader　リーダー
receiver　レシーバー
recorder　レコーダー
register　レジスター
registry　レジストリー
repository　リポジトリー
review　レビュー

revival　リバイバル
roller　ローラー
ruler　ルーラー

**S**

safety　セーフティー
saver　セーバー
scale　スケール
scanner　スキャナー
security　セキュリティー
selector　セレクター
sensor　センサー
separator　セパレーター
sepia　セピア
server　サーバー
service　サービス
shade　シェード
shutter　シャッター
simulation　シミュレーション
simulator　シミュレーター
slipper　スリッパ
software　ソフトウェア
sorter　ソーター
space　スペース
stacker　スタッカー
summary　サマリー
super　スーパー
supervisor　スーパーバイザー
survey　サーベイ

**T**

telephone service　テレフォンサービス
thinner　シンナー
ticket　チケット
timer　タイマー
tip　チップ
toner　トナー
trainer　トレーナー
transceiver　トランシーバー
transmitter　トランスミッター
trial　トライアル
typewriter　タイプライター

vanilla　バニラ

variation　バリエーション

variety　バラエティー

version　バージョン

violin　バイオリン

wear　ウェア

writer　ライター

# 送り仮名の付け方

(昭和48(1973)年6月18日内閣告示第2号より一部抜粋・要約し、必要に応じて説明方式を変更した。
日本語能力試験出題基準【改訂版】(2002)国際交流基金・財団法人日本国際教育協会の4～1級の出題語彙
から複合動詞など複合語を除外した語彙を主な対象として記述した。)

## ＜活用のある語＞

### （1）動詞

① 辞書形が2音節の動詞は、例外なく2音節目を、つまり活用語尾を送る。

　　1グループ：書く、書かない、書きます、書いた、書ける、書け、書けば、書こう
　　2グループ：見る、見ない、見ます、見た、見られる、見ろ、見れば、見よう
　　3グループ：来る、来ない、来ます、来た、来られる、来い、来れば、来よう

② 辞書形が3音節以上の動詞のうち、1グループの動詞は辞書形の最後の1音節、つまり 活用語尾を送るのが原則である。辞書形の最後の2つの音節を、つまり活用語尾の前の音節から送るのが一般的なものもあるが、そのような動詞の多くは辞書形の最後の1音節を送ることも許容される。稀に辞書形の最後の3つの音節を送るものもあるが、複合的なものに限る。

　　3音節語：遊ぶ、遊ばない、遊びます、遊んだ、遊べる、遊ぼう
　　4音節語：働く、働かない、働きます、働いた、働ける、働こう
　　5音節語：遡る、遡らない、遡ります、遡った、遡れる、遡ろう
　　6音節語：承る、承らない、承ります、承った、承れる、承ろう

(例外)

・増やす、増やさない、増やします、増やした、増やせる、増やそう
・浮かぶ、浮かばない、浮かびます、浮かんだ、浮かべる、浮かぼう
　(浮ぶ、浮ばない、浮びます、浮んだ、浮べる、浮ぼう：原則的な送り方を許容)
・遠ざかる、遠ざからない、遠ざかります、遠ざかった、遠ざかれる、遠ざかろう(←「遠い」の送り方に従う。)

③ 辞書形が3音節以上の動詞のうち、2グループの動詞は辞書形の最後の2つの音節を、つまり活用語尾の前の音節から送るのが原則である。例外としては、「出来る、湿気る、洒落る、真似る」のように辞書形の最後の1音節のみ送るものや、「落ちる/落る、流れる / 流る」のように辞書形の最後の1音節のみ送ることが許容されるものが少数ながら存在する。また、「合わせる、現われる」のように辞書形の最後の3つの音節を送るのが一般的なものがあるが、その数は少なく、そのような動詞の多くは辞書形の最後の2音節を送ることも許容される。他の語から複合された「重んじる、軽んじる」は複合成分の送り方(重い、軽い)に従う。

3音節語：生きる、生きない、生きます、生きた、生きられる、生きよう
4音節語：教える、教えない、教えます、教えた、教えられる、教えよう
5音節語：考える、考えない、考えます、考えた、考えられる、考えよう
6音節語：陥れる、陥れない、陥れます、陥れた、陥れられる、陥れよう

（例外）
・真似る、真似ない、真似ます、真似た、真似られる、真似よう
・綴じる、綴じない、綴じます、綴じた、綴じられる、綴じよう（←原則的な送り方）
（綴る、綴ない、綴ます、綴た、綴られる、綴よう：許容）
・捕まえる、捕まえない、捕まえます、捕まえた、捕まえられる、捕まえよう
・諦らめる、諦らめない、諦らめます、諦らめた、諦らめられる、諦らめよう
（諦める、諦めない、諦めます、諦めた、諦められる、諦めよう：原則的な送り方を許容）

④ 「説明する、連絡する」や「愛する、察する、論ずる」のような「漢字の音読＋する（ずる）」
のタイプの動詞は、「する」または「する」に相当する部分（ずる）を送る。「値する、恋する」
のような「漢字の訓読＋する」のタイプの動詞もこの原則に従うが、他の語から複合さ
れた「重んずる、軽んずる、先んずる」は複合成分の送り方（重い、軽い、先）に従う。

## （２）い形容詞

① 「難しい、悲しい」のように語幹が「し」で終わるものは「し」から送り、その他のものは
「寒い、痛い」のように活用語尾を送るのが原則である。
・難しい、難しくない、難しかった、難しくて、難しければ
・寒い、寒くない、寒かった、寒くて、寒ければ

② 例外として、活用語尾以外の部分に他の語を含む語、つまり複合的な語は、複合成分
の送り方に従う。
・恐ろしい、恐ろしくない、恐ろしかった、恐ろしくて、恐ろしければ（←恐れる）
・望ましい、望ましくない、望ましかった、望ましくて、望ましければ（←望む）
・憎らしい、憎らしくない、憎らしかった、憎らしくて、憎らしければ（←憎い）

③ その他に例外的な送り方をするものとして「明るい、危ない、危うい、大きい、少な
い、小さい、冷たい、平たい、悪どい、切ない」などがあり、また、「柔らかい（柔か
い）、懐かしい（懐しい）」のように許容される送り方を持つものがある。

## （３）な形容詞

① 「静かだ、賑やかだ、明らかだ」のように活用語尾の前に「か、やか、らか」を含むもの
は、その音節から送り、その他のものは「元気だ、暇だ」のように活用語尾を送るのが
原則である。

・明らかだ、明らかな、明らかではない、明らかだった、明らかで
・元気だ、元気な、元気ではない、元気だった、元気で

② 例外として、活用語尾以外の部分に他の語を含む語、つまり複合的な語は、複合成分
の送り方に従う。

・好きだ、好きな、好きではない、好きだった、好きで(←好く)
・楽しみだ、楽しみな、楽しみではない、楽しみだった、楽しみで(←楽しむ)
・寂しげだ、寂しげな、寂しげではない、寂しげだった、寂しげで(←寂しい)

③ その他に例外的な送り方をするものとして「新ただ、同じだ、盛んだ、平らだ、懇ろ
だ、惨めだ、哀れだ、幸いだ、幸せだ、巧みだ、久し振りだ」などがあるが、これらの
多くは「新だ、幸だ」のように原則的な送り方が許容される。


## ＜活用のない語＞

## （４）名詞

① 名詞には送り仮名を付けないのが原則であるが、次の1)、2)の例外がある。

1) 数をかぞえる「つ」を含む名詞は、その「つ」を送る。
　　一つ、二つ、三つ、幾つ

2) 次の語は、最後の音節を送る。
　　辺り、哀れ、勢い、後ろ、傍ら、幸い、幸せ、互い、便り、半ば、情け、斜め、
　　独り、誉れ、自ら、災い

② 活用のある語から転じた名詞、及び活用のある語に「さ」、「み」、「げ」などの接尾辞が
付いて名詞になったものは、元の語の送り仮名の付け方に従う。

1) 活用のある語から転じたもの。但し、読み間違えるおそれのない場合は(　)内の送り
仮名を省くことが許容される。
　　動き、仰せ、恐れ、薫り、曇(り)、調べ、届(け)、願(い)、晴(れ)、当(た)り、
　　代(わ)り、向(か)い、狩(り)、答(え)、問(い)、祭(り)、群(れ)、憩(い)、愁い、
　　憂い、香り、極み、初め、近く、遠く

2) 活用のある語に「さ」、「み」、「げ」などの接尾辞が付いたもの
　　暑さ、大きさ、正しさ、確かさ、明るみ、重み、憎しみ、惜しげ

③ ②の１）に対する例外として次のようなものがあるが、元の動詞の意味が残っているような使い方の場合はこの例外に該当せず、（　）のように送り仮名を送る。

謡、虞、趣、氷、印、頂、帯、畳、卸、煙、恋、志、次、隣、富、恥、話、
光(光り)、舞、折(折り)、係(係り)、掛、組(組み)、肥、並、巻、割

## （５）副詞・連体詞・接続詞

① 次のように最後の１音節を送るのが原則である。
必ず、更に、少し、既に、再び、全く、最も / 来る、去る / 及び、且つ、但し

② 例外として次の後は最後の２つ以上の音節を送る。
大いに、直ちに / 明くる / 並びに、若しくは

③ 例外として次の語は送り仮名を付けない。
又

④ 例外として、他の語を含む語は含まれている語の送り仮名の付け方によって送る。含まれている語を[　]内に示す。
併せて[併せる]、至って[至る]、恐らく[恐れる]、従って[従う]、絶えず[絶える]、
例えば[例える]、努めて[努める]、辛うじて[辛い]、少なくとも[少ない]、
互いに[互い]、必ずしも[必ず]


<参考文献>
「送り仮名の付け方」 昭和４８(1973)年６月18日　内閣告示第２号
日本語能力試験出題基準【改訂版】（２００２）国際交流基金・財団法人日本国際教育協会　凡人社
新明解国語辞典第四版（１９８９）三省堂
『日本語の正書法』（１９７８）小泉保　大修館書店

# 敬語の種類と形

(文化庁文化審議会答申『敬語の指針』（２００７）より、補助動詞を伴なうなど複合的な語形の敬語表現に関する内容を除外し、単純語形に関する内容に絞って抜粋・要約し、必要に応じて文法用語と説明方式に若干の変更を加えた。）

## （１）尊敬語

相手側(または第三者)の行為・ものごと・状態などについて、その人を高めて述べる表現。

### ① 動詞の尊敬語

相手側(または第三者)の行為についてその人を高める場合、主に動詞の尊敬語形を使う。動詞の尊敬語形は大きく特別な尊敬動詞と規則的な尊敬動詞形に分けられ、更に規則的な尊敬動詞形には「お(ご)〜になる」の形と受動形の二つがある。(特別な尊敬動詞については以下の表を参照。)

一般に、動詞が和語の場合は「読む → お読みになる」「出掛ける → お出掛けになる」のように「お〜になる」となり、漢語サ変動詞の場合は「利用する → ご利用になる」「出席する → ご出席になる」のように「ご〜になる」となる。但し、慣習上、「お(ご)」と組み合わせることがなじまず、「お(ご)〜になる」の形が作れない動詞もあるので、注意を要する。

 例) お死にになる（×）→ お亡くなりになる、亡くなられる

  ご失敗になる（×）→ 失敗なさる、失敗される

  ご運転になる（×）→ 運転なさる、運転される

### ② 名詞・形容詞の尊敬語

相手側(または第三者)に属するものごとや状態について、その人を高める場合には、名詞や形容詞の尊敬語形を使う。名詞と形容詞は「お名前」「ご住所」「お忙しい」「ご親切」のように、「お(ご)」を付けて尊敬語にすることができるが、「お(ご)」のなじまない語もあるので、注意を要する。

また、「先生のお教え、ご指導」のように、行為を表す名詞を尊敬語にすることによって、その行為の主体である人を高めることもある。

③ 「名詞＋だ」に相当する内容を尊敬語で述べる場合は、「先生は努力家でいらっしゃる」のように「名詞＋でいらっしゃる」とする。

自分側から相手側(または第三者)に向かう行為・ものごとなどについて、その向かう先の人を高めて述べる表現である。謙譲語は自分側の行為・ものごとを低めることによって相対的に相手を高める表現であるから、基本的に自分側の行為・ものごとの表現として使い、また高めるべき相手がある自分側の行為・ものごとに限って使うことができる。

### ① 動詞の謙譲語

自分側の行為についてその向かう先の人を高める場合、動詞の謙譲語形を使う。動詞の謙譲語形は大きく特別な謙譲動詞と規則的な謙譲動詞形(「お(ご)〜する」など)に分けられる。(特別な謙譲動詞については以下の表を参照。)

一般に、動詞が和語の場合は「届ける → お届けする」「誘う → お誘いする」のように「お〜する」となり、漢語サ変動詞の場合は「案内する → ご案内する」「説明する → ご説明する」のように「ご〜する」となる。規則的な謙譲動詞形としては、「お(ご)〜する」の他に、「お(ご)〜申し上げる」という形も使われる。

但し、慣習上、「お(ご)」と組み合わせることがなじまず、「お(ご)〜する(申し上げる)」の形が作れない動詞もあるので、注意を要する。

### ② 名詞の謙譲語

相手側(または第三者)に向かう自分側の行為・ものごとなどについて、「(先生への)お手紙」「(先生への)ご説明」のように、名詞に「お(ご)」を付けて謙譲語として使う。但し、「お(ご)」のなじまない語もあるので、注意を要する。その他に、「拝読」「拝見」のように「拝」の付いた謙譲語名詞もあるが、「拝読する」「拝見する」のように動詞として使う方が一般的である。

## （３）丁重語

自分側の行為・ものごとなどを、話や文章の相手に対して丁重に述べる表現。謙譲語が自分側の行為・ものごとの向かう相手を高める表現であるのに対して、丁重語は自分の行為・ものごとを文章の聞き手や読み手に対して丁重に述べる表現である。

### ① 動詞の丁重語

「参る」などの幾つかの特別な丁重動詞があり(特別な丁重動詞については以下の表を参照。)、漢語サ変動詞の場合は「利用する → 利用いたす」のように「する」を「いたす」に替える。「お(ご)〜いたす」の形は謙譲語と丁重語の両方の働きを兼ねる表現として使われる。

### ② 名詞の丁重語

「愚見」「小社」「拙著」「弊社」のように、「愚」「小」「拙」「弊」を付けて丁重語として使うものがあるが、ほぼ書き言葉専用である。

## （4）丁寧語

話や文章の相手に対して丁寧に述べる表現であり、「～です」「～ます」がこれに該当する。

## （5）美化語

ものごとを、美化して述べる表現である。そのほとんどは「お酒」「お料理（する）」のように名詞あるいは「名詞＋する」型の動詞に「お」を付けたものであるが、「ご祝儀」のように「ご」を付ける美化語もある。

### 尊敬・謙譲・丁重を表す特別な動詞
（＊は動詞ではないが、特別な形として表に入れておく。）

| | 尊敬動詞 | 謙譲動詞 | 丁重動詞 |
|---|---|---|---|
| 行く | いらっしゃいます<br>おいでになります<br>お越しになります | 伺います<br>参ります | |
| 来る | いらっしゃいます<br>おいでになります<br>お越しになります<br>見える<br>お見えになる | 伺います<br>参ります | |
| いる | いらっしゃいます<br>おいでになります | | おります |
| 聞く | | 伺います | |
| 食べる、飲む | 召し上がります | いただきます | |
| 寝る | お休みになります | | 休みます |
| 言う | おっしゃいます | 申し上げます<br>申します | |
| 見る | ご覧になります | 拝見します | |
| 読む | | 拝読します | |
| 見せる | | お目にかけます<br>ご覧に入れます | |
| 会う | | お目にかかります | |

| | | | |
|---|---|---|---|
| する | なさいます | | いたします |
| 着(き)る | お召(め)しになります | | |
| 買(か)う | お求(もと)めになります | | |
| 知(し)っている | ご存知(ぞんじ)です | 存(ぞん)じ上(あ)げています | |
| | | 存(ぞん)じています | |
| 知(し)らない | ご存知(ぞんじ)ではありません | 存(ぞん)じ上(あ)げません | |
| | | 存(ぞん)じません | |
| 思(おも)う | | | 存(ぞん)じます |
| 死(し)ぬ | お亡(な)くなりになります | | 亡(な)くなります |
| あげる | | さしあげます | |
| もらう | | いただきます<br>頂戴(ちょうだい)します | |
| くれる | くださいます | | |
| ある | | | ございます |
| ＊～だ / である | ～でいらっしゃいます | | ～でございます |

<参考文献>

『敬語の指針』（２００７）文化審議会答申　文化庁
『初級日本語文法と教え方のポイント』（２００５）市川保子　スリーエーネットワーク

# 依　頼　書

◯◯◯ 先生

◯◯大学外国語学部<br>
日本言語文化研究所<br>
所長：◯◯◯<br>
2013年3月20日

　陽春の候、ますますご清祥のこととお慶び申し上げます。平素は格別のご高配を賜り、厚くお礼申し上げます。

　近年来、韓国各地で日本語学と日本語教育の国際シンポジウムが盛んに開催され、益々多くの研究者が学術研究と国際交流に目を向けつつある情況の中、「テーマ別に焦点をしぼり、より深みのある日本語研究を目指す」という方針で、◯◯大学外国語学部日本言語文化研究所は、このたび(日本)◯◯大学文学部の協力を得て、2013'「テーマで学ぶ日本語」日本語学国際フォーラムを開催することとなりました。今回のフォーラムは、国内外の研究者に学術交流の場を提供し、韓国における日本語動詞の研究を推し進めることを目標としております。

つきましては、◯◯◯先生には、今回の国際フォーラムの(□基調報告者、☑パネリスト)として、お招きさせていただきたいと存じます。ご多忙の折とは存じますが、ぜひご高配とご協力のほど、よろしくお願い致します。

記

主　催：◯◯大学外国語学部・◯◯大学文学部

後　援：日本国際◯◯基金・その他

日　時：2013年10月11〜12日

場　所：◯◯大学(sakura会議ホール )

テーマ：「テーマで学ぶ日本語」

内　容：基調報告、パネルディスカション、分科会

費　用：大会期間中の滞在費(市内交通、宿泊、食事、観光、
　　　　それに参加費を含む)は大会主催者側でご負担致します。
　　　　但し、予算の都合上、国際旅費は参加者各自の負担と
　　　　なりますので、この点については、
　　　　くれぐれもご了承くださるよう、お願い申し上げます。

以上

# 推　薦　状

氏名：○○○

　　上記の者は、(国立)○○大学日本学科の卒業生(2012年2月)です。彼女は卒業後も日本語と日本文化に大変な興味を持ち続け、頑張ってきました。とくに「さくら」という地域研究会に参加し、注入式の一方的な教育ではない、気軽に楽しみながら日本語・日本文化が習得できる教育システムに大きな感銘を受けています。そして、韓国にも「さくら」のような優れた教育システムを導入できれば、今後の日本語教育発展につながってゆくのではないかと考えています。

　　彼女は大学在学中、自分の可能性を見出すための努力を続けてきました。日本人との交流をきっかけに日本や日本語への関心を深め、日本語教育の研究を希望するに至ったと聞いております。もちろんいろいろと未熟な面もあるとは思いますが、強い責任感を持っており、自分の仕事に最善を尽くして最後まで努力する姿勢が印象的です。在学中の生活態度も非常に真面目な学生でした。

　　彼女が希望する「○○○」という研究テーマも、韓国の日本語教育の現場に相応しいものと思われます。これは彼女の実体験から研究の必要性を感じたテーマであり、○○大学大学院日本語教育研究科で研究の場が与えられるなら、持ち前の能力を発揮してさらなる活躍が期待できるものと確信しております。十分な資質を備えた学生であるとの判断から、推薦いたす次第でございます。何卒ご高配のほどよろしくお願い申し上げます。

2012年9月5日　(国立)○○大学日本学科　教授　○○○

# メール文（お見舞い）

件名：地震の被害を心配しています。
本文：


○○さん


テレビの報道で今回の地震の被害を知り、驚いています。ご無事でしょうか。
このたびの地震で、被害にあわれた方々を思うと心が痛みます。

ニュースなどを見ると携帯電話もつながりにくい状況のようですね。節電で電車や
バスの運行時間などにも影響が出ていると聞いております。若干の余震もあり油断
できない状態だという話を聞いていると、こちらの方が落ち着きません。互いの安否
を確認し合うという状況では、いろいろとご苦労もおありでしょう。お察しします。
また、このような状況で何もできない自分自身がもどかしくもあります。

遠方のためすぐに駆け付けることができず、本当に申し訳ありません。
一日も早い復旧をお祈りしています。
どうか、健康にだけは気をつけて頑張って下さい。


○○○より

# メール文（お祝い）

件名： 卒業おめでとう！
本文：

卒業おめでとう。
ご両親もさぞやお喜びのことでしょう。

〇〇大学は、入学してからが大変だと聞いています。
好きな〇〇の道に進めるよう、頑張ってください。先生も応援しています。

それでは、健康には十分注意して、 学生生活を楽しんでください。


〇〇高校
〇〇

**테마로 배우는** **고급일본어**

**– 최상급으로 도약하기 위한 종합 일본어 –**

**지은이** 이경수, 検校裕朗, 後藤信之, 千葉小百合
**펴낸이** 정규도
**펴낸곳** (주)다락원

**초판 1쇄 발행** 2013년 3월 15일
**초판 3쇄 발행** 2021년 8월 31일

**책임편집** 송화록, 임혜련
**디자인** 구수정, 오연주

**다락원** 경기도 파주시 문발로 211
내용문의: (02)736-2031 내선 460~465
구입문의: (02)736-2031 내선 250~252
Fax: (02)732-2037
출판등록 1977년 9월 16일 제406-2008-000007호




**값 13,000원**(교재 + MP3 CD 1장)

ISBN 978-89-277-1088-2 18730

**http://www.darakwon.co.kr**

- 다락원 홈페이지를 방문하시면 상세한 출판 정보와 함께 동영상강좌, MP3 자료 등 다양한 어학 정보를 얻으실 수 있습니다.
- 다락원 홈페이지 자료실에서 **본문 해석**, **MP3 파일(무료)**을 다운로드 받으실 수 있습니다.

## 참고 문헌

小学館辞典編集部 『使い方の分かる 類語例解辞典 新装版』 小学館（２００３）
松村明 (監修)『デジタル大辞泉』 小学館 (ver.10.0)
松村明 編 『大辞林 第二版』 三省堂（１９９９）
山口明穂・秋本守英 『日本語文法大辞典』 明治書院（２００１）
日本語教育学会 編 『新版 日本語教育事典』 大修館書店（２００５）
益岡隆志・田窪行則 『基礎日本語文法-改訂版-』 くろしお出版（１９９２）
寺村秀夫 『日本語のシンタクスと意味１』 くろしお出版（１９８２）
金水敏 「受動文の歴史についての一考察」『国語学』 １６４集１-１４ 国語学会（１９９１）
グループ・ジャマシイ 編著 『教師と学習者のための日本語文型辞典』 くろしお出版（１９９４）
庵功雄 他 『初級を教える人のための日本語文法ハンドブック』 スリーエーネットワーク（２０００）
庵功雄 他 『中上級を教える人のための日本語文法ハンドブック』 スリーエーネットワーク（２００１）
友松悦子 他 『どんな時どう使う日本語文型表現辞典』 アルク（２００７）


## 본문 출처 일람

1과 『ビジネスマナーと基礎知識』
　　http://www.jp-guide.net/businessmanner/中の『就活・副職・内職・バイト』より一部変更
2과 朝日新聞出版 『ＡＥＲＡ』（２００６年６月２６日号）
3과 柴田元幸 他編 『世界は村上春樹をどう読むか』（２００９）
4과 http://business.nikkeibp.co.jp/article/manage/20080606/160774/?rt=nocnt
5과 『社会実情データ図録』 http://www2.ttcn.ne.jp/honkawa/1190.html（２０１１年９月２日更新）
6과 『ＮＨＫ地球ラジオ 世界まるごと質問箱』
　　① http://www.nhk.or.jp/gr/qa/culture/culture_09-0529.html
　　② http://www.nhk.or.jp/gr/qa/culture/culture_10-0116.html
　　③ http://www.nhk.or.jp/gr/qa/other/other_10-0825.html
　　④ http://www.nhk.or.jp/gr/qa/culture/culture_09-0322.html
7과 http://www.kitashirakawa.jp/taro/eigo62.html
8과 『社会実情データ図録』 http://www2.ttcn.ne.jp/honkawa/0310.html（２０１０年８月１１日更新）
9과 http://jinf.jp/weekly/archives/2621
　　『日本経済新聞』（２００９年２月２日）
10과 筑紫哲也 『スローライフ―緩急自在のすすめ』（２００６年 岩波新書）
11과 広瀬隆 『新エネルギーが世界を変える』（２０１１年 ＮＨＫ出版）
12과 2011 서울국제문학포럼 발제지『세계화 속의 삶과 글쓰기』

MEMO